古代歷史文化研究輯刊

二八編

王明蓀 主編

第 27 冊

學步古今：中國法律史略論稿
（第四冊）

陳景良 著

國家圖書館出版品預行編目資料

學步古今：中國法律史略論稿（第四冊）／陳景良 著 -- 初
版 -- 新北市：花木蘭文化事業有限公司，2022〔民 111〕
目 4+180 面；19×26 公分
（古代歷史文化研究輯刊 二八編；第 27 冊）
ISBN 978-626-344-101-9（精裝）
1.CST：法律 2.CST：中國史
618   111010300

ISBN-978-626-344-101-9

古代歷史文化研究輯刊
二八編　第二七冊　　　　ISBN：978-626-344-101-9

學步古今：中國法律史略論稿（第四冊）

作　　者　陳景良
主　　編　王明蓀
總 編 輯　杜潔祥
副總編輯　楊嘉樂
編輯主任　許郁翎
編　　輯　張雅淋、潘玟靜、劉子瑄　美術編輯　陳逸婷
出　　版　花木蘭文化事業有限公司
發 行 人　高小娟
聯絡地址　235 新北市中和區中安街七二號十三樓
　　　　　電話：02-2923-1455／傳真：02-2923-1452
網　　址　http://www.huamulan.tw 信箱 service@huamulans.com
印　　刷　普羅文化出版廣告事業
初　　版　2022 年 9 月
定　　價　二八編 27 冊（精裝）新台幣 80,000 元　　版權所有 • 請勿翻印

學步古今：中國法律史略論稿
（第四冊）

陳景良　著

目

次

第四冊

當代中國法律思想研究

閱讀與評論

演講與筆談

當代中國法律思想研究

試論中國共產黨社會主義法治觀的歷史形成及特點〔註1〕

　　中國共產黨在改革開放大潮中形成的社會主義法治觀，是指導我國社會主義法制建設的根本方針。它的產生、發展、形成經歷了一個曲折的歷史過程。考察它的歷史形成、把握其特點、預示其發展方向，對堅持社會主義初級階段基本路線，完善社會主義民主、加強社會主義法制，保障四個現代化建設的順利進行，有著重大的理論意義與現實意義。

一

　　中國共產黨社會主義法治觀的形成，經歷了曲折的發展過程，大體講可分為四個歷史時期，現就其各個時期的內容和特點略述於下。

　　（一）新民主主義法制時期。新民主主義革命與法制的對立統一及立法、司法走群眾路線，是該時期黨的新民主主義法制觀的中心問題。

　　黨在領導人民進行新民主主義革命的過程中形成了自己的憲政觀、國家觀與法治觀，對這些觀點的論述可以是多方面、多層次的。限於篇幅，本文只就革命與法制的對立統一及立法、司法走群眾路線這兩個重點問題加以說明。

　　所謂革命與法制的對立是指革命與法制的不相容。從全國範圍講，一是要革命就不能講法制；二是革命必須打碎舊的國家機器，廢除舊法統。「在戰爭時期，黨也好，軍隊也好，群眾也好，注意的是黨的政策。那時只能靠政策。就全國講，法是國民黨的或外國侵略者的。如果要講法，就不能革命，就是維護三大敵人的統治秩序，那時候對反動統治階級就是要『無法無

〔註1〕本文原載於《史學月刊》1991年第5期。

天』」，〔註2〕對舊法統，必須徹底粉碎。」「所謂徹底粉碎，是粉碎它的法律系統，因為舊法律是代表反動統治者的意志的。」列寧說「革命就是廢除舊法律」。〔註3〕這並不意味著我黨不要法律、不重視法律。而是在半殖民地半封建的舊中國，外無民族獨立，內無民主自由，進行新民主主義革命推翻帝國主義、封建主義、官僚資本主義的統治，消滅武裝到了牙齒的異常強大的敵人，不可能依靠和平與合法的鬥爭形式進行，而只能走農村包圍城市、武裝奪取政權的道路，必須徹底打碎舊國家機器，廢除舊法統。從這個意義上講，革命與法制的對立是歷史的必然。但革命與法制畢竟還有統一的一面。這個統一是指，通過革命才能創立新法制，革命是創立新法制的前提；同時新法制是保護及鞏固革命果實的重要武器。董必武指出：「建立新的政權，自然要創建法律、法令、規章、制度。我們把舊的打碎了，一定要創建新的。否則就是無政府主義。」〔註4〕儘管在新民主主義革命的過程中受到種種條件的限制，中國共產黨還是通過根據地的紅色政權機關頒布了許多旨在保護工農利益的法律與法令。〔註5〕

立法、司法走群眾路線則是共產黨的基本觀點，是黨的群眾路線在立法、司法中的運用，也是歷史唯物主義的具體體現。為了鞏固和發展人民的勝利，我們黨和政府必須發動人民群眾直接鬥爭，而這種鬥爭的主要任務是要徹底從反動統治下解放人民，從舊的生產關係束縛下解放社會生產力，「破壞反動的秩序，建立革命的秩序」。〔註6〕貫徹群眾路線創立新法制是中國共產黨領導新民主主義革命的寶貴經驗之一，是人民民主法制所以有力量的重要原因所在。「我們人民民主法制所以有力量，是由於它實事求是地總結了人民鬥爭的經驗和貫徹了群眾路線」。〔註7〕

革命與法制對立統一和立法、司法走群眾路線的觀點，指明了我國社會主義時期法制建設的根本方向，也構築了黨的社會主義法治觀的基本理論框架。它以其深沉的歷史經驗告訴我們：中國共產黨在領導人民進行革命的歷

〔註2〕彭真：《論新時期的社會主義民主與法制建設》，中央文獻出版社1989年版，第218～219頁。

〔註3〕董必武：《董必武政治法律文集》，法律出版社1986年版，第331～332頁。

〔註4〕董必武：《董必武選集》，人民出版社1985年版，第218頁。

〔註5〕如中華蘇維埃共和國勞動法、婚姻法、憲法大綱等。

〔註6〕董必武：《董必武選集》，人民出版社1985年版，第340、341、411頁。

〔註7〕董必武：《董必武選集》，人民出版社1985年版，第340、341、411頁。

程中所形成的法律觀及在此觀點指導下的法制建設，是一種完全新型的法律觀及法律制度，它是人民群眾意志的集中體現，它的主旨在於保護工農及廣大勞苦大眾的利益。

這裡必須指出的是，中國共產黨的新民主主義法治觀畢竟是在中國革命的特殊背景下產生的，它的側重點在於強調直接發動人民群眾打碎舊法統，仇視舊法制，而對革命勝利後應領導人民及時創立新法制，完善新法制並以此來治理國家、發展生產、促進革命事業的順利進行等重大問題，雖有所涉及，但缺乏深刻的分析與研討，尚未達到自覺的高度。所以「仇視舊法制的心理在我們黨內和革命群眾中有極深厚的基礎，這種仇視舊法制的心理可能引起對一切法制的輕視心理」〔註8〕，「甚至對他們自己創造的表現自己意志的法律有時也不太尊重」。〔註9〕恰如董必武所言：「群眾運動是不完全依靠法律的」，「在這些運動中間也免不了有些副作用」。〔註10〕因此，在全國革命勝利後，如何增強全黨及人民群眾的法律意識，既是黨所面臨的一個新課題，也是社會主義法制建設能否順利進行的關鍵之所在。

（二）人民民主法制時期。自新中國誕生至生產資料私有制社會主義改造的基本完成，是黨的新民主主義法制觀向人民民主法制觀的初步轉變時期。此間，隨著黨的工作重心的轉移，健全人民民主法制、克服黨員和人民群眾輕視法制的心理現象、強調共產黨員帶頭守法及國家機關依法辦事，就成為這一時期人民民主法制觀的三大重點。

1. 健全人民民主法制是建設社會主義的需要。中華人民共和國的成立、標誌著新民主主義革命的結束和社會主義革命的開始。建國初期為鞏固新生的人民政權，黨領導全國人民進行了一系列的政治運動和社會改革，並對舊法制觀進行了批判，對舊司法人員實行了改造。至1952年底，完成了民主革命的遺留任務。並及時確定了黨在過渡時期的總路線，即，要在一個相當長時期內，逐步實現國家的工業化，並逐步實現國家對農業、對手工業和資本主義工商業的社會主義改造。〔註11〕黨的「八大」宣布：社會主義社會的制度已基本確立，黨和全國人民的中心任務是集中力量發展社會生產力，實現

〔註 8〕董必武：《董必武政治法律文集》，法律出版社1986年版，第485頁。
〔註 9〕董必武：《董必武選集》，人民出版社1985年版，第340、341、411頁。
〔註10〕董必武：《董必武選集》，人民出版社1985年版，第340、341、411頁。
〔註11〕中國共產黨中央中南局宣傳部編：《黨在過渡時期的總路線教材》，中南人民
　　　　出版社1954年版，第10頁。

國家工業化，逐步滿足人民日益增長的物質文化需要。一句話，要求黨的工作重點轉移到社會主義現代化建設上來。

隨著黨的工作重點的轉移，系統地制定比較完備的法律，健全人民民主法制就成為國家工作中的迫切任務之一。當時主持中央政法工作的董必武，1956 年 9 月 19 日撰文指出：「黨必須採取認真積極的措施，健全我們的人民民主法制，以便進一步保衛人民民主制度，鞏固法律秩序，保障人民民主權利，保護公共財產，保障社會主義建設事業的順利進行，人民民主法制必須進一步加強，才能適應黨所提出的任務。」〔註12〕

2. 共產黨黨員帶頭守法，是培養人民群眾增強法治意識的關鍵。我們是共產黨領導的國家，其法規是黨領導制定的，共產黨黨員對國家法律的嚴肅性要有充分的認識。「對於憲法和法律，我們必須帶頭遵守，並領導人民群眾來遵守」。〔註13〕董必武對黨內部分領導幹部輕視法制的現象，進行了嚴肅的批評。他指出，一些同志認為，「天下是他打下來的，國家是他創造的，國家的法律是管別人的，對他沒有關係，他可以逍遙法外，不遵守法律」，〔註14〕這類想法是極端錯誤的。

3. 依法辦事是進一步加強法治的中心環節。一切國家機關，都必須依法辦事，所謂「依法辦事有兩方面的意義，第一，必須有法可依；第二，有法必依。凡屬已有明文規定的，必須明確地執行，按照規定辦事。尤其一切司法機關，更應嚴格地遵守，不許有任何違反」。〔註15〕這是進一步加強人民民主法制的中心環節。

為了提高人民群眾遵法守法的自覺性，增強權利主體意識，必須在全國進行法制宣傳教育工作。進一步提高幹部和人民群眾的法治觀念，使大家都知道只有嚴格遵守國家法制才能維護自己的民主權利，才能使我們的法治得以切實貫徹執行。

概言之，隨著我國有計劃的進入社會主義經濟建設時期，黨的工作重點已由解放生產力轉向發展社會生產力，客觀形勢的轉變決定了新民主主義法治觀向人民民主法治觀的轉變。這一轉變表明中國共產黨已在一定程度上自

〔註12〕董必武：《董必武選集》，人民出版社 1985 年版，第 418 頁。
〔註13〕董必武：《董必武選集》，人民出版社 1985 年版，第 342 頁。
〔註14〕董必武：《董必武選集》，人民出版社 1985 年版，第 418 頁。
〔註15〕董必武：《董必武選集》，人民出版社 1985 年版，第 419 頁。

覺地認識到：第一，在社會主義建設事業中，法制是保障人民民主權利行使，促進社會主義經濟建設順利進行的重要武器；第二，為了維護法制的尊嚴，共產黨員及各級領導幹部必須依法辦事，全國人民群眾都應摒棄輕視法制的心理意識，樹立遵守人民民主法制的新觀念。這些認識的提高大大促進了法制建設的進程，使我國的立法出現了第一個高峰。至1956年底，我國人民政府已頒布了一千多個法律，立法工作取得了可喜的成果。

但與社會主義四個現代化建設的需要相比，還存在著不足之處：第一，對法制與社會主義商品經濟之間的內在關係還缺乏深刻的認識，關於法制對社會主義商品經濟與民主政治的促進、保障作用及其內在聯繫，尚缺乏理論上的說明。第二，對執政黨的黨員和領導幹部遵法守法的重要性，有一定程度的認識，但對黨政、尤其是執政黨必須在憲法、法律範圍內活動的重要性在思想上不夠明確，理論上未進行應有的闡述，制度上更不可能做出相應的規定。第三，對國家機關是否有可能侵犯公民的合法權益問題缺乏足夠的重視，更沒有意識到應制定行政訴訟法來保障公民合法權益的行使，並使這種權益一旦受到侵害時能夠通過行政訴訟得到法律上的救濟。第四，對制定保障國家機關，尤其是行政、司法機關依法辦事的程序法缺乏應有的認識，更無程序法的規定，這就使國家機關依法辦事難以切實貫徹執行。第五，對建立適合中國國情的法律監督機制沒有給予足夠的注意，而這一點又是實行法治所必不可少的重要環節。

當然，我們不能苛求歷史，這裡之所以指出這些不足，意在說明我黨的社會主義法治觀，只有在建設具有中國特色的社會主義大潮中才得以形成。

（三）受挫時期。自1957年反右擴大化開始到文化大革命結束，由於黨的指導思想逐漸偏離了黨的八大路線，進而把階級鬥爭作為主要矛盾與綱來抓，故在法制建設上只強調法的階級性，而不談法的繼承性，甚至根本否認法制在治理國家中的作用。這種偏頗隨著文化大革命的發動而走向極端，終於導致了社會主義法制建設史上的毀滅性災難。

文化大革命發動後，黨委被踢開，公檢法被砸爛，就連共和國主席也被非法關進了監獄，人民民主被踐踏，法制蕩然無存。這是共和國法制建設史上的一齣悲劇。但是十年內亂也從反面教育了黨和人民，加速了社會主義法治觀的形成。人民民主法治觀在經過一段坎坷之後，又重新迸發出時代的光輝。

　　（四）基本形成時期。十年改革開放（1978 年 12 月～1989）期間，我國的民主政治建設加快、社會主義商品經濟發展迅速，這為黨的社會主義法治觀的形成創造了良好的條件。1978 年 12 月在黨的中央工作會議上鄧小平率先提出了社會主義法治理論的基本構想。其後，彭真明確提出了「依法辦事，依法治國」的口號。〔註 16〕1987 年 10 月黨的十三大以社會主義初級階段的基本路線為依據，系統闡述了社會主義法治觀的基本理論。

　　自十一屆三中全會以來，我黨在指導方針上開始了撥亂反正。全黨工作的重點重新轉移到社會主義現代化建設的大業上。面對當今世界科學技術迅猛發展、國際社會政治、經濟結構急劇變化的大勢，以鄧小平為總設計師的黨的第二代領導集體，總結文化大革命的慘痛教訓，反思自己的歷史，開始把目光轉向了社會主義民主與法制建設上來。

　　截止目前，黨的社會主義法治觀已基本形成了以「一個中心，兩個基本點」為指導，以建設高度的社會主義民主與健全的法制為核心，以「以法治國」實現四化為深層價值追求的理論體系。它的重點在於鞏固改革開放的成果，繁榮社會主義商品經濟、加快社會主義民主建設的步伐，充分調動社會個體的積極性，以實現四個現代化的宏偉大業。其主要內容包括：

　　1. 堅持黨的領導是建設具有中國特色的社會主義民主與法制的保證，社會主義法制的完善又是改善黨的領導的重要方面。

　　在改革開放的歷史大潮中，健全社會主義法制必須堅持黨的領導，這是由我國的歷史及現實的政治基礎所決定的。只有中國共產黨才能擔負起領導建設社會主義，實現四個現代化的歷史重擔。把建設社會主義民主與法制同黨的領導對立起來，從而否定黨的領導，是十分錯誤的。在改革開放的新時期，「堅持黨的領導，遵從人民意志，嚴格依法辦事，三者是一致的，統一的」。〔註 17〕鄧小平反覆強調，在建設社會主義民主與法制的過程中，一定要把「民主和法制，民主和紀律，民主和黨的領導結合起來」。〔註 18〕堅持黨的領導是建設社會主義民主與法制的根本所在，這是問題的一個方面。

　　從另一個方面看，健全社會主義民主與法制又是改善黨的領導，完善黨

〔註 16〕彭真：《關於社會主義法制的幾個問題》，載《紅旗雜誌》1979 年 11 期。
〔註 17〕彭真：《論新時期的社會主義民主與法制建設》，中央文獻出版社 1989 年版，第 209 頁。
〔註 18〕鄧小平：《鄧小平文選》（第二卷），人民出版社 1994 年版，第 176 頁。

的領導的制度的保證。這是由於：第一，高度的社會主義民主可以使我們黨的決策能在突飛猛進的現代化建設高潮中，更好地反映無產階級及廣大勞動人民群眾的利益，「沒有民主就沒有社會主義，就沒有社會主義的現代化」。〔註 19〕第二，黨的領導只有納入法制的軌道，才能排除個人決策的隨意性，使黨少犯錯誤，避免文化大革命悲劇的重演。為此，黨不僅號召全體黨員要做遵紀守法的模範，而且還在黨章中明確宣布：「黨必須在憲法和法律的範圍內活動」。只有這樣才能從制度上保證黨領導的正確性。加強黨的領導、發展社會主義民主和實現社會主義法治，三者是辯證的統一。

2. 社會主義商品經濟的繁榮是法制建設的基礎，社會主義法制又是促進商品經濟發展的槓杆。

發展商品經濟是社會經濟發展不可逾越的階段，鄧小平從宏觀、微觀兩個方面論述了法制與商品經濟的內在聯繫，闡明了二者之間的辯證關係。他說，「我們必須一手抓建設，一手抓法制」〔註 20〕，「國家和企業、企業和企業、企業和個人等等之間的矛盾，也有不少要通過法律來解決」。中共十三大報告從各個側面系統論述了法制對社會主義商品經濟的促進作用，指出：「國家運用經濟手段、法律手段，調節市場供求關係，創造適宜的經濟和社會環境，從此引導企業正確地進行經營決策。」這裡表明黨對法制與社會主義商品經濟之間內在聯繫的認識已達到自覺的高度。在改革開放的十年間制定了一系列促進社會主義商品經濟發展的法律與法規，如《民法通則》《中外合資經營企業法》等。隨著民主進程的加快及商品經濟的繁榮，黨的法治理論也得到了深化。在揭示發展社會主義商品經濟與法治建設的內在聯繫上，鄧小平、彭真等老一代無產階級革命家做出了突出貢獻，他們的思想反映了新時期社會主義民主與法制建設的必然要求。

3. 社會主義法制建設必須適應改革、開放的需要。當今的世界正處在以科學技術充當先導而發生深刻變化的時代，對內改革、對外開放是實現四化的強大動力，而法制建設則是保障改革、開放順利進行的必要手段〔註 21〕，「法制建設必須貫穿於改革的全過程。一方面，應加強立法工作，另一方面，

〔註 19〕鄧小平：《鄧小平文選》（第二卷），人民出版社 1994 年版，第 168 頁。
〔註 20〕鄧小平：《建設有中國特色的社會主義》（增訂本），人民出版社 1987 年版，第 130～131 頁。
〔註 21〕彭真：《論新時期社會主義民主與法制建設》，中央文獻出版社 1989 年版，第 264～265 頁。

法制建設又必須保障建設和改革的秩序，使改革的成果得以鞏固。應興應革的事情，要盡可能用法律制度的形式加以確認」。(《中共十三大報告》)

4. 實現四化，必須堅決反對人治，堅持法治。所謂「人治」是指依靠統治者個人道德風範及權威來治理國家，即《禮記‧中庸》所謂：「其人存，則其政舉；其人亡，則其政息。」這種封建社會理論在我國有幾千年的歷史，在文化大革命中給黨和人民帶來了極大的災難，對文化大革命有切膚之痛的老一代無產階級革命家，在社會主義建設新時期，力主以法治國。鄧小平說：「為了保障人民民主，必須加強法制。必須使民主制度化、法律化，使這種制度和法律不因領導人的改變而改變」〔註22〕，彭真則說：「現在人心思法，全國人民都迫切需要法制。我們必須「依法辦事、以法治國」。〔註23〕尤其是最高國家機關行使權力必須以法律為依據，遵循法定的程序，全黨、全民都要遵守社會主義法制，做到「有法可依、有法必依、執法必嚴、違法必究」。

通過以上的歷史考察，可以看出新民主主義法治觀與人民民主法治觀是黨的社會主義法治觀產生的歷史前提。三者既有區別，又有聯繫。它們的區別反映了黨的法治觀在各個歷史時期的不同特徵；他們的聯繫則在於：堅持黨的領導與保護廣大勞動人民群眾的利益是我黨的一貫宗旨，這是由中國共產黨的性質所決定的。黨的社會主義法治觀以社會主義商品經濟的繁榮為背景，展現了她在四化建設中的勃勃生機，體現了社會主義法治理論在新形勢下的價值追求，也是對馬克思主義法學理論的重大發展。

二

嚴格意義上的法治是近代民主政治與商品經濟發展的產物，就此而言，法治理論只有西方資產階級的法治觀與社會主義的法治觀兩大家。共產黨的社會主義法治觀與資產階級法治觀相比較有著鮮明的特徵。

(一)它是在打破舊法制整體結構延續性的基礎上形成的

我黨的法治觀是由馬克思主義關於國家學說的理論基礎與中國的革命歷史條件決定的，它一開始便走上了與西方資產階級法治觀大為不同的歷史道路，即：它是在打碎舊國家機器，徹底廢除舊法統的歷史前提下形成的。這

〔註22〕鄧小平：《鄧小平文選》(第二卷)，人民出版社 1994 年版，第 146 頁。
〔註23〕彭真：《論新時期社會主義民主與法制建設》，中央文獻出版社 1989 年版，第264～265 頁。

是與西方資產階級法治觀在產生途徑上的一個重大差異。

　　社會主義的法治理論在各個不同歷史時期，其內容雖有所側重，但強調法的階級性與革命性，創立新法制必須堅持黨的領導等，卻是貫徹始終的基本特徵。西方近代資產階級法治理論則不然。儘管它作為資產階級革命的產物，也對封建君主制的專制制度進行了猛烈的批判，但終未能衝破生產資料私有制結構的束縛，即，它與以往的舊法學理論有一條斬不斷的天然臍帶。如「自然法」與「社會契約論」便是貫穿西方法治理論的兩條主線。尤其需要指出的是，資產階級在建立其法治理論時，為了爭取人民的同情與支持，多把法治與人權、自由、正義等閃光的字眼緊密相連，這就使它在繼承傳統、批判現實的道路上披上了一件華麗而迷人的外衣，具有極大的誘惑力。「法是自由的保障，是人類理性正義的體現」，「人生而自由平等」之類的格言時常在資產階級思想家著作中閃現。它一方面弘揚了法的權威，高揚了人的價值尊嚴，同時，它又掩蓋了資產階級法制的階級本質，增加了人們識別上的困難。

（二）它是在總結文化大革命慘痛教訓的基礎上形成的

　　社會主義法治觀的形成，既是黨的法制理論的歷史發展，又是文化大革命慘痛教訓的總結。黨在實踐中深切地認識到，要避免歷史悲劇的重演，就應該從法制建設著眼，把黨的領導與發展社會主義民主緊密相連，把黨的活動置於憲法與法律的範圍之內。正因為如此，在十年改革開放的新時期，黨特別強調：既要堅持黨的領導，又必須把黨的領導與法制建設密切結合。

（三）它是在改革開放的歷史大潮中形成的

　　黨的社會主義法治觀以新民主主義法制觀為源頭，以人民民主法治觀為基礎，在改革開放發展社會主義商品經濟、建設社會主義民主的歷史大潮中形成的。它所關注的重點是繁榮與發展社會主義商品經濟，加速現代化建設。它的法治理論的價值追求在於：在黨的領導下，建設具有中國特色的社會主義民主與法制，以為人民謀福利，為實現四化及共產主義的目標而奮鬥不息。

　　黨的社會主義法治觀不僅豐富了馬列主義的法學理論，也是對毛澤東思想法制觀的重要發展。馬克思主義法學理論揭示了法的起源、法的本質、法的運動規律，廓清了罩在法這個神聖字眼上的種種迷霧，但對社會主義法制建設如何進行，畢竟沒有也不可能提供現成的答案。列寧在領導蘇聯社會主

義建設的歷程中，提出了許多著名的論斷，對我國社會主義法制建設也有一定的指導意義。但如何建設具有中國特色的社會主義，從列寧的論述中也找不出現成的答案。以鄧小平為核心的中國共產黨第二代領導集體，在堅持馬列主義基本原理的基礎上，繼承毛澤東、董必武等同志的光輝思想，從中國的國情出發，提出了獨具特色的社會主義法治理論，指明了我國社會主義法制建設的發展方向。

　　總結歷史，展望未來，可以預料：黨的法治觀必須朝著時代性與開放性的方向發展，才能適應今後形勢的需要。而建設具有上述特徵的法治理論，不僅要繼承新民主主義和人民民主法治觀的基本精神，而且還必須在堅持四項基本原則的基礎上，吸收我國古代法學理論及西方資產階級法學理論中的精華。惟有如此，黨的社會主義法治觀才能根壯葉茂，進而成為一株參天大樹！

新中國法學研究中的若干問題[註1]
——立足於 1957～1966 年的考察

　　以 1949 年 10 月 1 日中華人民共和國成立為標誌，新中國法學誕生了。如果說新中國的建立是中國共產黨領導中國人民浴血奮戰，以千百萬革命烈士的生命和鮮血換來的話，那麼怎樣用法律鞏固人民民主專政的勝利果實，怎樣清除舊法觀念，樹立馬克思主義的法學觀等問題，就構成了新中國法學前三十年的主要課題。應該說，中國共產黨對社會主義法制的認識伴隨著社會主義道路的艱難行進，經歷了一個探索、失誤、反思而逐漸成熟的曲折發展歷程，與此相適應，生活在那個時代的知識分子，其對法學的認識及自己的學術道路也同樣經歷了一個命運多舛的艱難歷程。其間既有探索中的失誤和艱難，也有著獨立思考時堅持法學自身價值的執著和勇氣。在一定意義上說，新中國法學前三十年走過的路程，無論是經驗還是教訓，都是一筆值得認真總結和研究的財富。本文擬對 1957 至 1966 年間，新中國法學中的幾個問題進行研討，以補學界研究之不足。

一、「百花齊放」方針指引下社會主義法制理論的活躍

　　從 1957 年 1 月至 1966 年 5 月的十年中，黨和國家工作的主導方面是正確的。但由於黨在指導方針上犯了「左傾」錯誤，遂使 1956 年黨的「八大」會議提出的健全法制的任務未能得到順利的落實。中國共產黨人的社會主義法制思想在前進中遇到挫折，學術研究更是伴隨著政治運動的起伏而搖擺不定。

　　1956 年是中華人民共和國建國史上不平凡的一年。黨中央在「八大」會

[註1]本文原載《法學研究》1999 年第 3 期。

議上正式提出了「系統地制定比較完備的法律，健全法制」的基本任務，毛澤東發表了《論十大關係》的講話，並提出：「『百花齊放，百家爭鳴』，我看應該成為我們的方針。藝術問題上百花齊放，學術問題上百家爭鳴。」〔註2〕「百家爭鳴是諸子百家，春秋戰國時代，二千年以前那個時候，有許多學說，大家自由爭論，現在我們也需要這個。」〔註3〕1957 年 4 月 27 日，中共中央發出《關於整風運動的指示》，決定在全黨進行一次以正確處理人民內部矛盾為主題，以反對官僚主義、宗派主義和主觀主義為內容的整風運動。此後，整風運動即逐步展開。

　　雙百方針的確立和整風運動的開展為學界及政法戰線理論工作者法律思想的活躍及對法制理論多方面的探討提供了條件。1956 年及 1957 年上半年，法學界針對建國以來法制建設中存在的若干重大理論問題進行了熱烈的討論，其中涉及到的問題有：立法、司法、黨與法律的關係、法律與政治的關係、法律的職能、法的繼承性、法律教育如何進行、司法獨立、法律監督等。討論涉及的廣度和深度空前，可以說在中華人民共和國法學史上佔有凝重的一頁。現把當時學界討論的問題及若干觀點歸納如下：

1. 有關立法問題

　　新中國成立後，黨領導人民制定了憲法和一些法規、法令，但法制不完備的現象依然存在。這不僅表現為法律中有不少嚴重落後於形勢的內容，而且還表現為與人民生活、社會秩序穩定關係極為密切的民法、刑法還沒有制定出來。對此，有人指出：「解放以來，政府也頒布了不少的法律或法規，但因我們的變革很快很大，其中有的是不符合當前的情況了。」〔註4〕還有的指出，「刑法、民法、違警法、公務員懲戒法都尚未制定公布，經濟方面的法規更不完備」，〔註5〕立法太遲緩。〔註6〕復旦大學教授楊兆龍還發表了《我國

〔註 2〕薄一波：《若干重大決策與事件的回顧》，上卷，中共中央黨校出版社 1991 年版，第 492 頁。

〔註 3〕薄一波：《若干重大決策與事件的回顧》，上卷，中共中央黨校出版社 1991 年版，第 492 頁。

〔註 4〕中國政治法律學會資料室編：《政法界右派分子謬論彙集》，法律出版社 1957 年版，第 6 頁。

〔註 5〕中國政治法律學會資料室編：《政法界右派分子謬論彙集》，法律出版社 1957 年版，第 32 頁。

〔註 6〕轉引自李琪：《我國刑法是不是制定的太遲了？——在立法問題上駁斥右派》，載《政法研究》1957 年第 5 期。

重要法典何以遲遲還不頒布？》一文〔註7〕。楊兆龍指出：過去在立法方面的努力實在跟不上實際的要求。例如：平常與人民的基本權利的保障及一般社會關係的調整最有密切關係的刑法典、刑事訴訟法典、民法典、民事訴訟法典等至今還沒有頒布。什麼是合法的，什麼是違法的，什麼是犯罪，以及如何處罰等等，在好多場合，一般人固然無從知道，就是偵察、檢察、審判人員也沒有統一明確的標準足資遵守。……因此就發生一些無根據的控告和不應該有的錯捕、錯押、錯判的情況。無論在刑事或民事方面都難免使壞人感到無所顧忌，好人感到缺乏保障。〔註8〕

楊兆龍認為，在社會主義國家，「無論什麼時候，無論對什麼人（那怕是反革命分子），都必須依法辦事」，依法辦事必須制定「內容比較具體細密而專門的法典」，尤其是刑法典、民法典〔註9〕，要制定出法典就必須重視法學家，發揮他們的專業才能。應當說，這些批評和建議既是切中時弊的，也是富有建設性的。

2. 關於法的繼承性

法有無繼承性，新中國的法學能否繼承中國舊法，這在建國初是個極為敏感的問題。由於新中國的法律是在廢除舊法（指國民黨六法及其關係法規）的基礎上建立起來的，因此新中國法學為了證明自己取代舊法的合理性及歷史必然性，便斷然否定法的繼承性，法的繼承性被視做法的階級性的對立面而遭到否定。1956 年至 1957 年上半年，法的繼承性問題又被學界提了出來。楊兆龍在 1956 年《華東政法學報》第 3 期上，發表了題為《法律的階級性和繼承性》的文章。該文認為，法律規範可分為兩大類：一類是主導性的或關鍵性的，一類是輔佐性或從屬性的，「輔佐性規範往往可以用於各種不同性質的階級社會」。他主張「舊社會採用過的法律規範在新社會裏，因為社會經濟的及政治文化的具體條件不同，可以具有新的內容而發生不同的作用」。一句話，楊文主張法律具有繼承性。該文發表後，在學界引起了強烈反應，曾炳鈞、張晉藩也於 1957 年上半年發表文章，參加該問題的討論。張晉藩認為，堅持法律的階級性不能否認法的繼承性，他說：「以階級性作為探討法律本質

〔註 7〕楊兆龍：《我國重要法典何以遲遲還不頒布？》，載《新聞日報》1957 年 5 月9 日。

〔註 8〕轉引自張懋：《駁斥楊兆龍》，載《政法研究》1957 年第 5 期。

〔註 9〕轉引自李琪：《我國刑法是不是制定的太遲了？──在立法問題上駁斥右派》，載《政法研究》1957 年第 5 期。

的出發點，無疑是正確的。但同時也還應該注意到法律的階級性並不排斥繼承性。」〔註 10〕為了更好地說明這個問題，張文從以下三個方面展開了論述：其一，主張用馬克思主義哲學的「否定之否定」規律來解釋繼承問題。其二，不能將法律現象與社會生活發展的辯證過程分離開來。儘管法律的繼承性確有它的特殊性，但這是屬於怎樣繼承和繼承什麼的問題，而不是有無繼承的問題。舊法的階級性與科學性，並非在任何歷史發展階段都絕對的衝突和絕對的排斥。其三，法律都是人們之間具有約束力的一定行為規則的總和，由多種多樣的法律規範構成。許多行為規則有它歷史的因襲性，而決不屬於某一特定的社會，對於那些調整在各個社會都不可缺少的一些行為規則的法律規範，是可以批判地繼承的。

對於法的繼承性問題的討論，是社會主義建設的轉折時期法學基本理論問題的重新認識，在當時具有重要的理論意義和現實意義，正如 40 年後有學者所指出的那樣：「從理論上來說，這種觀點是對把法的階級性絕對化、片面化的錯誤傾向的一次批判。正確理解法的階級性的內涵，有利於全面認識法的職能。既然階級性並非法的唯一屬性，那麼，對敵專政就不是法的唯一職能。認識到這一點，在當時是一個重大的理論創新。」〔註 11〕遺憾的是，關於法律具有繼承性的討論也被錯誤地歸結為「右派」言論，受到了不公正的對待。

3. 法的職能應隨著階級關係的變化而有所調整

1956 年 9 月，黨的八大報告指出，黨和全國人民的主要任務，已是集中力量發展社會生產力，實現國家工業化，逐步滿足人民日益增長的物質、文化的需要。正是在這種情況下，法學界及法律工作者提出了「法律的職能應該由強調鎮壓轉向組織經濟和文化生活」的觀點。有人指出：「社會主義改革時期，偏重專政和鎮壓……在社會主義革命勝利後，國內形勢起了根本變化，生產關係變了，階級關係變化，這時再強調鎮壓就不對了。現在（國家）的主要職能是組織經濟和文化生活。」〔註 12〕又說：「階級關係起了根本變化。產生犯罪的階級基礎不同了，專政範圍不同了。」〔註 13〕因此，法律的職能也應有所變化，應該由強調專政鎮壓轉向保障人民的民主權利和組織經濟、文

〔註 10〕張晉藩：《關於法的階級性和繼承性的意見》，載《政法研究》1957 年第 3 期。
〔註 11〕孫麗娟：《中國 1957 年法學思潮析論》，載《法學》1997 年第 4 期。
〔註 12〕參見魯明健在北京大學法律系座談會上發言的筆記。轉引自《政法研究》1958 年第 2 期。
〔註 13〕轉引自馮若泉：《魯明健在替誰說話》，載《政法研究》1958 年第 2 期。

化生活。〔註 14〕同時，論者還指出，加強法制，就應該強調國家機關依法辦事，這是因為「一般國家機關違法亂紀是普遍大量的，司法機關違反法制更多」，「違法亂紀是消極因素，只有加強法制才能消除這些消極因素」。〔註 15〕

　　實事求是地評價這些批評和建議，應該承認其中大部分意見是正確的，也是深刻的。法律的職能的確應隨著階級關係的變化而有所變化，國家機關的權力應該受法律的監督和制約。這些 40 年前的觀點因反右的擴大化而被定為右派言論，被認為是散佈階級鬥爭熄滅論和攻擊黨的領導，其理論的價值直到 70 年代末期才被人們所認識，而法律單純是專政工具的理論直到現在還在禁錮著一些人的頭腦。

　　除此之外，學界還對黨與法律的關係、政策與法律的關係、法律與政治的關係、無罪推定、政法教育存在的弊端等問題進行了深入的討論，提出了許多見地頗深的見解。他們認為不能「以黨代政」、不能「黨法不分」、群眾運動「會損害依法辦事」、「法律不應跟政治走」，應注意法律的科學性等等，這些觀點表現出了極大的理論勇氣和卓越的識見。

二、反右鬥爭擴大化及對資產階級法學的全面批判

　　1957 年 5 月，中國共產黨開展整風運動，多次號召黨內外群眾幫助共產黨整風，並召開各種會議，聽取黨外群眾的意見。當時，確有極少數資產階級右派分子乘機攻擊中國共產黨對國家和人民的領導作用，攻擊社會主義制度，對這種攻擊實行適當的反擊是必要的。但不幸的是，反右派鬥爭被嚴重擴大化了。這在中國共產黨及中華人民共和國史上留下了極其慘痛的教訓，這種教訓對於法學界更為深刻。

　　從 1957 年下半年開始，《政法研究》《法學》便開始發表反右派鬥爭的消息、通訊及批判性文章，被點名批判的學者有錢端升、王鐵崖、陳體強、梅汝璈、樓邦彥、楊玉清、楊兆龍、王造時、韓德培、張映南、吳傳頤、魯明健、孔劍、譚惕吾等。〔註 16〕作為反右鬥爭的成果，法律出版社也於該年出版了《政法界右派分子謬論彙集》的專輯。

〔註 14〕轉引自吳德峰：《為保衛社會主義法制而鬥爭》，載《政法研究》1958 年第 1 期。

〔註 15〕轉引自馮若泉：《魯明健在替誰說話》，載《政法研究》1958 年第 2 期。

〔註 16〕參見《政法研究》1957 年和 1958 年諸期。

　　反右鬥爭的嚴重擴大化極大地傷害了法學界知識分子的情感，很多正確的意見被定為右派言論、舊法觀點。談法律的繼承性，被宣布為是「超階級」、「超政治」的法律觀點；律師辯護，被認為是替壞人說話；提倡依法辦事、審判獨立，被認為是向黨鬧獨立性，是反對黨的領導；贊成法治，反對人治，被說成是向黨猖狂進攻。〔註17〕一些批判文章強辭奪理、盛氣凌人，根本無學術價值，有的批判文章公然聲稱：對舊法不能有一絲一毫的繼承，我們就是要黨政不分，首先是不分，其次才是分，等等。〔註18〕

　　隨著反右鬥爭擴大化及大躍進、人民公社運動的開展，法學研究也逐漸成為運動的注腳而喪失學術品格。翻開1958年～1966年的《政法研究》，通篇社論、決議、聲明，有價值的學術文章極為鮮見。從1958年第2期開始，《政法研究》開始對所謂的「資產階級法學觀點」進行了全面的批判，被批判的觀點及制度有：無罪推定、法律至上、審判獨立、自由心證、辯護制度等。這種所謂的批判，氣勢磅礴，稍加「分析」便把別人的觀點宣布為反動、不科學。在運動中形成的空疏、膚淺、以勢壓人的文風給法學的研究及發展造成了極其嚴重的影響。

　　尤為可歎的是，隨著1957年底「大躍進」口號的提出及1958年「大躍進」運動的開展，《政法研究》竟在1958年第2期的首篇位置發表了「政法工作必須和社會主義生產一起躍進」的文章，公然聲稱政法工作可以和經濟工作一樣，來一個「多快好省」的大躍進，並號召政法界的工作人員積極投入反浪費、反保守運動，改造自己，提高覺悟，在社會主義事業大躍進中，使政法界出現一個突飛猛進的新的工作局面。

　　同年的《政法研究》第3期以「同資產階級政治法律思想徹底決裂，法學研究工作來個大躍進」為題，連續發表了4篇有關法學研究如何大躍進的文章。它們是：《法學工作應如何躍進》，周新民；《我們的躍進計劃》，中央政法幹校國家與法的理論教研室；《苦戰三年，向紅透專深大躍進》，中國人民大學國家與法的理論教研室；《必須徹底劃清新舊法的界限》，鄭紹文。

　　在這些文章中，作者把批判所謂的資產階級法學觀點（或稱舊法觀點）

〔註17〕在當時的鳴放中，復旦大學的王造時教授力主法治，反對人治，並指出了我國解放後重人治、輕視法治的弊端。對王造時的批判，可參見《政法研究》1957年第5期。

〔註18〕參見《政法研究》1957年和1958年諸期。

與「大躍進」的運動緊密結合起來。作者寫道:「法學研究工作應如何躍進起來呢?我認為首先要明確它的目的是為工農業生產大躍進和整個社會主義建設大躍進服務的,我們要達到這個目的,必須先從思想上躍進起來。過去研究過法學的人,很多是學過舊法的,或多或少地還殘存著資產階級的法律觀點;就是過去沒有學過舊法的人,也有些人立場不穩,做了資產階級的俘虜。這說明了資產階級的法學觀點是我們法學研究工作中的絆腳石,如果我們不把它徹底肅清,我們法學研究工作將永遠落在後面,無法躍進起來。法律是階級專政的工具,資本主義國家的法律,是資產階級專政的武器;社會主義國家的法律,是無產階級專政的武器。右派分子為了要恢復資本主義制度,首先破壞社會主義法制,集中力量反對無產階級專政和黨的領導。因此,法學研究工作也必須首先批判舊法觀點,澄清右派分子的反動思想,才能適應工農業生產大躍進和整個社會主義事業大躍進的迫切需要。」

另一篇文章的作者寫道:「在我國全民大躍進的形勢下,我們中國人民大學國家與法的理論教研室的全體同志也和各兄弟院校教研室一樣,決心向紅透專深大躍進,苦戰三年,改變我們的思想、教學與科學研究面貌……我們決心改造自己的思想,興無滅資,大破資產階級思想,大立無產階級思想,加強勞動鍛鍊,我們決心把心交給黨,訂好自己的紅專規劃,使我們成為又紅又專、文武雙全的工人階級的知識分子。」然後,該文列舉了「在我國流傳的資產階級的反動政治法律觀點」,主要的是:「(1)批判在國家與法的問題上修正主義觀點;(2)研究帝國主義反動法學在舊中國的傳播;(3)批判章伯鈞、羅隆基等的『第三條路線』;(4)批判胡適的反動政治法律觀點;(5)批判楊兆龍的反動法律觀點」。

1958 年下半年,《政法研究》第 4 期刊載了一篇名為《舊法觀點的反動性及其危害》的文章。文章認為,鳴放中右派分子在立法、司法諸方面所提的意見,如「立法沒有正確方針」,「法律至高至上」,「群眾運動妨礙法律程序的執行」、「民主法治」等諸多觀點都是舊法觀點,而「舊法觀點是資產階級整個意識形態的一個組成部分」。文章認為,持有舊法觀點的右派分子,其陰謀「就在於圖謀恢復國民黨反動的立法路線,使『六法全書』借屍還魂,以便從根本上推翻人民民主法制,讓資本主義法制復辟。」文章說,政法工作的大躍進及反右鬥爭的當務之急是徹底肅清舊法觀點,即全面批判資產階

級法學觀點。該文稱：「由於舊法觀點是資產階級整個意識形態的一個組成部分，所以具有舊法觀點的人，就不僅是曾經學過舊法或做過舊法工作的人，而且有些沒學過舊法或沒做過舊法工作的人，由於立場不穩，是非不清，也有意無意或多或少地接受了舊法觀點，自覺不自覺地傳播舊法觀點。……要想徹底肅清舊法觀點，首先，必須深切體會毛主席指示的『政治是統帥，是靈魂』的深刻意義，並把它堅決貫徹到實際工作中去。因為政法工作是搞政治、搞階級鬥爭的。如果我們的工作離開了政治，那就不僅是工作效率低、質量差的問題，而是離開社會主義道路的問題。經過這一個時期實踐證明，實現了政治掛帥，批判了舊法觀點，就使人們的頭腦開始清醒、精神獲得解放，出現了政法工作緊緊地圍繞黨的中心、自覺地為政治、為生產、為人民服務的生氣勃勃的局面。……最後，為著保衛馬列主義法學理論，為著鞏固人民民主政權，為著在全民大躍進的形勢下，使政法工作也來個大躍進。我們就必須經常以蔑視和批判『六法全書』的精神，以蔑視和批判資本主義國家一切反人民的法律的精神，以學習馬列主義的國家觀和法律觀與黨和國家所發布的一切政策、法律的辦法，來提高自己的馬列主義水平，努力改造自己的思想，以便掌握新法的精神實質，徹底肅清舊法觀點和舊法影響的殘餘，使新中國的新中國法學研究中的若干問題法學和法律，日趨於發展和繁榮。只有這樣，才能徹底粉碎資產階級右派的狂妄企圖，才能徹底摧毀資產階級右派的反動思想陣地。」

如今，歷史已經過去了四十個年頭，作為 50 年代後期出生的我們這一代中青年法學工作者，無意苛求歷史，也決非有意把上述文章作為典型去拷問那個時代知識分子的良知與靈魂，而更應理解一些老一輩知識分子以黨的事業為依歸，努力投入運動改造自己世界觀的虔誠與熱情。但是，從法學學術的角度反思歷史，我們實在不能不指出：

其一，四十年前的這場批判及其所謂法學研究的躍進規劃，除了讓我們看到那時高校及研究機構從事法學理論研究工作的知識分子所具有的樸實情感外，實在看不出這種所謂的批判及躍進規劃有任何學術的價值及意義。

其二，法學作為一種學術研究，本應遵循學界應有的學術規範和品格，批判不應是簡單的否定，更不該是以真理壟斷者的口吻宣稱一切不同於自己的學說為反動。學術上的空話、不切實際的計劃及其粗暴的批判話語，如「徹

底粉碎」、「徹底摧毀」、「借屍還魂」等，不僅不能給法學的研究帶來任何益處，反而是對法學研究的嚴重摧殘，因為這種空洞無物、滿篇政治口號的所謂批判及法學研究上的大躍進，除了從一個側面反映了當時的法學是政治運動的附庸及法學內容的貧乏外，它還能說明什麼呢？

其三，回顧歷史，我們應該記住：四十年前的那場批判賦予法學以太多的階級色彩，當我們的研究者以意識形態為標準對各種所謂資產階級的法學觀點亂貼標籤時，其無產階級的道德義憤愈高漲，其背離法學的學術軌道就愈遠，而人類理性就愈加不復存在。50 年代後期那場在法學界占主導地位話語的背後隱藏的是思想文化的霸權，凸現的是一個一切以階級鬥爭為宗旨看待所有法律現象及法律作用的不正常時代。

三、活學活用毛主席著作，靠群眾辦案的司法思想

盧山會議後，林彪主持中央軍委工作，在軍隊內掀起了一場「活學活用毛主席著作」運動。此後，這場運動發展到全國，法學界當然也不例外。1960年 2 月 2 日出版發行的《政法研究》以《更高地舉起毛澤東思想的紅旗，保障社會主義建設的繼續躍進》為題發表社論，號召全體政法工作者掀起學習毛澤東思想的高潮。《政法研究》從 1960 年第 3 期開始，專闢了學習毛主席著作欄目，集中刊載全國政法工作人員學習《毛澤東選集》（四卷）的心得體會。1962 年後，專欄題目變為單篇。1965 年，《政法研究》自第 2 期起把原來「學習毛主席著作」的欄目變為「活學活用毛主席著作」專欄，大量登載政法戰線上從事司法、審判工作人員的辦案體會。專欄展現出了新中國法學在 60 年代初到「文革」前一種特有的理論色彩，即強調學習毛主席著作，加強人民民主專政，依靠群眾辦案。

為了更好地把握該時期上述思想的內容並對其作出客觀、公正的評價。我們不妨先看看《政法研究》有關此問題的專欄題目，現列表如下：

時　間	作　者	題　目
1960 年第 3 期	陳克光	我國社會主義建設時期的對敵鬥爭——學習毛主席關於人民民主專政和階級鬥爭學說的體會
	今水	區分兩類矛盾，加強無產階級專政——學習《關於正確處理人民內部矛盾問題》的體會

	吳大英 李淑清 謝國交	毛主席關於兩類矛盾的學說對我國人民民主專政的指導意義——學習《關於正確處理人民內部矛盾的問題》的學習筆記
1960年第4期	林彪	中國人民革命戰爭的勝利是毛澤東思想的勝利
	人民日報社論	毛澤東思想是中國人民大革命勝利的旗幟——慶祝《毛澤東選集》第四卷出版
	紅旗雜誌社論	在戰略上藐視敵人，在戰術上重視敵人
	肖永清 史華	偉大的綱領、偉大的預見——學習毛主席《目前形勢和我們的任務》的體會
	立平	勝利的光輝，毛澤東思想的光輝
	伍彤	無產階級專政的作用及其實質
	劉波	階級分析的方法是無產階級革命者的戰鬥武器
1960年第5～6期	郭群慧	結成廣泛的國際統一戰線，反對美帝國主義的侵略政策和戰爭政策——學習《毛澤東選集》第四卷關於反帝統一戰線思想的體會
	蔡雲嶺 廖伯雅 徐鶴皋	加強人民民主專政，把革命進行到底——學習《論人民民主專政》的幾點體會
	王瑤	學習毛澤東同志徹底的革命精神——讀《毛澤東選集》第四卷的體會
	歐陽振 吳作一 顏鵬	在政法工作中如何正確對待兩類不同性質的矛盾——學習毛澤東同志《關於正確處理人民內部矛盾的問題》的體會
1961年第1期	周新民	貫徹政策、調查研究、總結經驗——學習《毛澤東選集》第四卷的點滴體會
	周景芳	用無產階級的宇宙觀作為觀察國家命運的工具
	伍彤	政策是黨的生命
1961年第2期	協之	認真學習毛澤東同志的《論人民民主專政》，用無產階級的宇宙觀作為觀察國家命運的工具
	一編	學習《毛澤東選集》第四卷中關於工農聯盟問題的初步體會
	金銳	學習我國人民民主統一戰線政策的幾點體會
1961年第3期	周景芳	研究革命的邏輯，鞏固人民民主專政
	郭夏	指導我們正確執行黨的政策的準則——學習毛澤東著作的幾點體會
	金銳	學習我國民主革命的三個基本經驗的體會

時間	群勇	依靠群眾，團結多數是對敵鬥爭取得勝利的根本保證
1961 年第 4 期	施祖	指導中國人民反帝國主義鬥爭取得偉大勝利的光輝思想──學習《毛澤東選集》第四卷有關反帝鬥爭問題的體會
1965 年第 2 期 活學活用毛主席著作專欄	王梅林 林瑞信 王淑賢 遇常嵐	學習毛主席著作和親自依靠群眾辦案 加強階級鬥爭觀點與群眾觀點 《實踐論》開了我的心竅 毛主席著作指引我前進
1965 年第 3 期 活學活用毛主席著作專欄	張醒東 梁山鈺 許詔諳 葛瑞彬	吃透兩頭，做好人民司法工作 《實踐論》和我的辦案工作 兩種工作方法，兩樣效果 我是怎樣學習做審判工作的
1965 年第 4 期 活學活用 毛主席著作專欄	廖福賢 開九 司石開 安新石 閻為群	心明眼亮，立竿見影 談談總結工作 人的因素第一，政治思想第一 反對煩瑣哲學 學習運用「一分為二」的觀點
1966 年第 1 期 活學活用毛主席著作專欄	湘文	思想革命化，難案便不難
	廖富賢	在「用」字上狠下工夫
	王自臣	基層法院院長親自辦案的好處
	朱家順	要學會抓主要的矛盾
	陳梅芝	堅決按照毛主席的指示辦事
1966 年第 2 期 活學活用毛主席著作專欄	韓繼鞏	為保人民江山革命一輩子
	李希清	我是怎樣學習毛主席著作做好調解工作的
	劉德彬	處處事事照毛主席的指示辦事

1962 年～1964 年的《政法研究》，不再開設學習毛主席著作專欄，故本表未一一列出。

通過上表可以看出，該時期《政法研究》諸文章的內容主要有四個方面：第一，反對美帝國主義，結成廣泛的國際統一戰線；第二，學習毛主席著作，正確處理兩類不同性質的矛盾；第三，在處理兩類不同性質的矛盾時，特別強調人民民主專政在階級鬥爭中對敵人的鎮壓作用；第四，活學活用毛主席著作，依靠群眾辦案。

就上述四個方面的內容而言，第一條──反對美帝國主義的侵略政策，

本與司法無直接的聯繫，它之所以大量出現在《政法研究》這一學術刊物上，從一個側面反映了法學跟形勢、服務於政治，乃至成為政治運動附庸的時代色彩，也是法學發展中的一種扭曲現象。第二、第三條實質上是一個問題的兩個方面。客觀地說，毛澤東關於正確處理兩類不同性質矛盾學說的提出，對於社會主義生產資料所有制改造基本完成後，如何進行社會主義革命和社會主義建設，確實起到了重要的指導作用。這種學說反映在法制上，其作用表現為：「發揮對敵專政的作用是法制在處理兩類矛盾中的首要任務，專政的最終目的是要運用法律的國家強制力來徹底消滅階級敵人；而法制在處理人民內部矛盾中的作用則體現為法制是一種說服教育的手段，體現為法制是統一人民思想和行動的工具」。〔註19〕第四條中的「活學活用毛主席著作」，是政治第一，政治取代法律的典型表現形式。至於「依靠群眾辦案」，則要從兩個方面論述之：

首先，走群眾路線是中國共產黨領導司法工作的一個優良傳統。它強調，法律保護廣大勞動人民群眾的利益，司法應充分依靠群眾、便利群眾。因此巡迴審判、田間地頭調查訪問便是這種審判方式的主要表現方式。從歷史上看，群眾路線是革命根據地時期新法制區別舊法制的重要標誌之一，因此，其歷史作用應當肯定。但問題在於：新中國成立後，尤其是社會主義建設時期，國家的政治、經濟生活必須納入到法制的軌道。此種形勢下，仍以便利群眾為司法任務之皈依，完善的司法制度、嚴密的訴訟程序便難以建立，訴訟法也很難受到重視；而訴訟法長期不能頒布，訴訟程序簡單到不能適應社會經濟建設發展的需要，將使憲法列舉的人民應享受的種種權利成為空中樓閣，因為權利沒有程序作保障便很難在實際生活中得到落實。

其次，司法走群眾路線本是一個優良的傳統。但若在新中國成立後，仍以一連串的運動形式貫徹這一路線，則很容易使此傳統走向反面，尤其是當「以階級鬥爭為綱」的口號成為黨的基本路線時，司法中的群眾路線便成為急風暴雨式的揭發批判階級敵人的代名詞。這樣做容易使政治性的批判代替法律的具體內容，群眾的熱情及對案件的態度成為法官斷案的標準，司法中應遵循的程序和依據的法律條文則形同虛設。群眾運動對法制的消極作用成為新中國法學發展中的一個極為突出的問題。

〔註19〕趙震江主編：《中國法制四十年》，北京大學出版社1990年版，第72頁。

四、歷史的追問

　　回顧歷史，我們看到：新中國法學經過建國初期激烈的階級鬥爭到 1954 年新憲法頒布，再到中共「八大」將法制建設提到議事日程，歷史似乎已為其健康發展提供了新的契機。然而，不幸的是，隨著 1957 年反右鬥爭的擴大化及繼之而來的人民公社、大躍進運動，黨的左傾錯誤日益發展，法學發展不僅未能按照正常的邏輯展開，反而萎縮、堙沒於一連串的政治運動之中。60 年代，隨著對人民公社、大躍進的繼續肯定及國際間風雲變幻的複雜形勢，反帝反修的浪潮日益高漲，國內的階級鬥爭被認為日益嚴峻，以「階級鬥爭為綱」的黨的基本路線的確立和政治運動的不斷開展使新中國法學理論的自由發展幾無可能。從 1959 年至 1964 年，儘管毛澤東在民法、刑法及刑事政策諸方面也發表過一些積極的論點，〔註 20〕法學界也在部門法的某些領域進行過研討，如刑法中的因果關係、刑事證據等問題，〔註 21〕甚至有關部門還邀請了部分專家多次制定刑法、民法草案，〔註 22〕等等。但總的說來，毛澤東對法制越來越不重視，法學的研究被階級鬥爭、革命化道路、突出政治、群眾運動、防修反修、學習毛主席著作所取代。樸素的階級感情，政治化的歌頌口號、教條僵化的說教、浪漫的革命理想、高度的政治批判熱情、怒不可遏的道德義憤取代了法學自身應有的內容，法律的所有職能都被濃縮為七個大字：階級鬥爭的工具。新中國法學的發展從 1957 年到 1976 年整整被耽誤了近 20 年，社會主義法制建設也因此蒙受了極大的損失。

〔註 20〕如毛澤東 1962 年指出：「不僅刑法要，民法也需要，現在是無法無天。沒有法律不行，刑法、民法一定要搞，不僅要制定法律，還要編案例。」1963 年又指出：「我們還沒有制定刑法典和民法典，經驗不足，我們也要搞。」參見韓延龍主編：《中華人民共和國法制通史》上冊，中共中央黨校出版社 1998 年版，第 450 頁。1965 年 8 月 8 日，毛澤東說：「犯了罪的人也要改造……要相信這一點，如果有些人不相信，可以試點。將來把這條寫進法典裏去，民法、刑法都要這樣寫，要把犯人當作人，對他有點希望，對他有所幫助，當然也要有所批評。譬如勞改工廠、勞改農場就不能以生產為第一，就要以政治改造為第一。」轉引自肖揚主編：《中國刑事政策和策略問題》，法律出版社 1996 年版，第 301 頁。

〔註 21〕參見權新廣：《談談刑法中的因果關係》，載《政法研究》1963 年第 3 期；郝雙祿：《關於刑事證據的幾個問題》，載《政法研究》1963 年第 2 期。

〔註 22〕中華人民共和國刑法在 1976 年 10 月前共制定了 33 稿，參見高銘暄、趙秉志編：《新中國刑法立法文獻資料總覽》上冊，中國人民公安大學出版社 1998 年版。新中國民法的制定情況，參見彭萬林主編：《民法學》，緒論，中國政法大學出版社 1997 年版。

　　現在本文要追問的問題是：新中國法學在 1957 至 1966 年的十年中是怎樣走向歧途，一步一步萎縮的？這段歷史說明了什麼，它給我們新世紀的法學以怎樣的警醒？換句話說，我們為什麼要研究這段歷史？〔註23〕

　　先說前者。這與新中國法學前三十年的理論模式有關。新中國成立後，對法學發生深遠影響的因素有兩點，一是馬列主義、毛澤東思想法律觀的指導作用，二是蘇聯模式與新中國初建之時尖銳的階級鬥爭形勢。二者的結合構成了新中國法學前 30 年的基本理論模式。在這個模式裏，政治是統帥，是靈魂，階級鬥爭是觀察法律各種現象的試金石，黨性原則是評價各類法律觀點的標準。具體說來，該理論模式有四個方面的特色：其一，在對法律的認識上，強調法律服務於政治，法律的職能主要是對敵人專政，對人民實行民主，但後一點常常被忽略，而法律是無產階級專政的「刀把子」功能則無時無刻不被強調。其二，在法學的研究上，強調馬列主義、毛澤東思想的指導作用，結合新中國初建之時的社會形勢及尖銳的階級鬥爭，該理論特別強調法學要服從於政治，而當時最大的政治就是保衛人民民主專政的政權，故法學的研究人員一定要與舊法觀點劃清界限，並徹底批判、否定舊法觀點。其三，新創設的法律高等教育學校均以「政法命名」，如北京政法學院、中南政法學院、西北政法學院、西南政法學院等。其課程設置也以馬列主義理論、中國革命史、辯證唯物主義與歷史唯物主義等政治課為核心。其四，在思維方式上，它遵循的軌跡是：法律是無產階級專政（即人民民主專政）的工具，是為政治服務的，而新中國最大的政治就是階級鬥爭，就是鞏固人民民主政權，同資產階級鬥爭到底。階級鬥爭必須通過群眾運動的形式來進行，只要群眾發動起來了，一切問題都迎刃而解了，而群眾運動是不受法律制約的。

　　現在，我們要指出的是，與其說新中國法學前 30 年的基本理論模式是馬克思主義法律觀指導的結果，倒不如說它是蘇聯模式影響下與新中國激烈的階級鬥爭形勢相結合的歷史產物。這個模式的鮮明特色是以服務於政治為宗旨，以階級鬥爭為主線，高度濃縮法律職能的泛道德主義意識形態法學。當

〔註23〕對該時期的研究，可參看韓延龍主編：《中華人民共和國法制通史》。這是學界極有份量也是最新的成果。另可參見趙震江主編：《中國法制四十年》，北京大學出版社 1990 年版；陳景良主編：《當代中國法律思想史》（1949～1992），河南大學出版社 1999 年版。

然，我們這樣說，決不意味著新中國法學在前 30 年無任何成就。相反，我們承認，新中國法學於初建之時的巨大建設作用。首先，它幫助人們認清了新舊法律的界限，加深了對法律本質的認識；其次，它鞏固了人民民主政權的勝利成果，使社會主義制度在中國得以確立。然而，我們也不能否認，對法學研究應服從於政治的過分強調及對法律階級性的過分關注，從一開始便為新中國法學的發展埋下了步入誤區的種子。正是這粒種子在其後的左傾土壤中越長越大。

當社會主義生產資料所有制的基本改造完成之後，國內的主要矛盾已由解放生產力變為發展生產力、階級關係發生了重大變化時，新中國的政治應是集中力量進行社會主義工業化建設。法律服務於政治的側重點，應該由對專政的強調，轉向於對人民民主權利的保護和對社會主義經濟建設的組織保障作用。不幸的是，新中國法學沒有完成這個轉折，1957 年下半年反右鬥爭的嚴重擴大化，不僅堵塞了言路，傷害了知識分子的情感，而且它還使新中國法學在「法律專政工具論」的理論模式下沿著左的道路大大前進了一步。這是新中國法學在 1957～1966 年的十年歷史進程中犯下的第一個錯誤。

其後，毛澤東又以詩人的氣質發動了「趕英超美」的大躍進及「人民公社」運動，以證明社會主義制度的無比優越性。由於毛澤東人格魅力的感召及新中國知識分子對政治運動的樸素情感，「大躍進」不僅成了此時期新中國法學的主要內容，而且還成了全面批判所謂「資產階級法學」（或舊法）觀點的動力。帶有浪漫主義色彩的法學大躍進及對資產階級法學觀點的痛加討伐，不但沒有給新中國的法學發展帶來任何助益，相反，它留在歷史上的只能是譏諷和笑柄。因為，西方的法學理論（包括舊中國的法學）並沒有因為這種批判而崩潰，新中國的法學也沒有在這種批判中煥發出新的學術生命，更遑論什麼法學工作的大躍進。它帶來的直接後果是法學研究中的空談及滿篇的政治口號。這就使「法學服從於政治」的理論模式愈發沿著左的道路上發展，這是新中國法學的第二步錯誤。

1962 年 9 月，黨的八屆十中全會確定了「以階級鬥爭為綱」的基本路線，「階段鬥爭」比 1957 年的反右鬥爭更加激烈。尤為可悲的是，以群眾運動為形式而展開的階級鬥爭，必然把毛澤東的話當作最高的權威和判別一切是非的標準。這樣，新中國法學於初建之時對法學服從於政治的強調，開始沿著法律服從於政治，政治服從於階級鬥爭，階級鬥爭以群眾運動的形式展開，

群眾運動以毛澤東的指示為權威的道路發展。在這條道路上，法學研究的具體內容為學習毛主席著作的熱潮所取代，毛主席的指示及黨的方針、政策成為司法人員辦案的標準和依據。「學好毛主席著作，依靠群眾辦案」，便成為那個時期司法界及法學研究中的主導話語。這是新中國法學所步入的第三個誤區。

在這個誤區裏行進，法學研究者在長達十年的歷史時期內，未能把「法」作為法學的研究對象，更沒有把法的基本範疇，如權利義務關係、法的價值、民主自由、權利、法治等作為研究的重點，而是從階級鬥爭的觀點出發，把大躍進、批判資產階級法學觀點、反帝防修、學習毛主席著作等政治運動作為法學研究的主要任務。這樣做的結果必然是與法學研究的初衷背道而馳，法學的枯萎和最後走向法律虛無主義，則是沿著這條歧途行進的必然歸宿。

前事不忘，後事之師。本文所要研究的這段歷史給我們以怎樣的警醒呢？換句話說，面向 21 世紀的當代中國法學應該從這段歷史中吸取哪些教訓呢？我認為最重要的教訓之一就是法學應有獨立的學科地位，法學研究必須走出「法律服從於政治」的傳統思維模式，學人在法學研究中應有自己的學術品格。

新中國法學發展的歷史證明：法學有著自己的研究對象，作為一門科學，它雖與政治密切關聯或受政治的指導，但它決不是政治的附庸，更不是媚俗的說教，它應有自己獨立的學科地位。如今，社會主義市場經濟體制的確立及改革開放的歷史大潮已使法律的職能發生了根本變化，新時期法學的研究必須走出「法律專政工具論」和「法學服從於政治」的誤區，惟其如此，法學才能正常發展。這裡，特別強調的是以下兩點：

（1）學人在研究中應有獨立的見解，修改自己的觀點，要持之有據，要有嚴肅的態度並堅持應有的學術良心。新中國法學研究的歷史上經常出現一種奇怪的現象，即隨政治飄忽而無定見。學者修改自己的學術觀點，不是在研究上有了新的見解，而是因政治形勢的變化而趨炎附勢，即便是無端傷害了別人，或者實踐證明自己的理論是錯的，其後也鮮有良心上的拷問和自責。中國的文學界尚有巴金老人等公開譴責自己的過去，向受傷害的胡風道歉；而法學界悲劇重重，但可曾有些許學者於歷史過後對自己進行良心上的追問？人們面對歷史並無絲毫的懺悔之心。法學界有悲劇，但學者卻無悲劇意識，這是法學研究中的悲哀！

（2）法學理論應對現實保持一定距離的理性主義批判精神。西方法學發展的歷史告訴我們：資產階級「法律高於政治權威」的法治精神得力於基督教文化對人性和世俗政治的高度不信任，它為批判世俗社會提供了理論淵源，使統治者與被統治者之間的權力制衡有了價值信念的保障。反觀中國，則呈現為另一種景觀，從歷史傳統看，儒家對人性所持的樂觀主義態度及它弘揚的仁政思想，雖然也在一定程度上反映為對當時社會的批判精神，但內聖之花難以結出外王之果，法律始終不能尋找出一個建立自己品位的支點。新中國成立後，隨著對中外歷史上法制的全面否定及一連串政治運動的衝擊，法學遂長期成為政治的附庸而毫無獨立的品格。結果是法學研究長期把國家、階級鬥爭、專政作為研究的對象，一談到法便上升為本質問題，這在很大程度上窒息了自己的發展，也給法制建設帶來了嚴重損失。故法學理論工作者不應僅僅是現實理論的注釋者，他的學術研究應對現實保持一種理性主義的批判精神，惟其如此，法學的生命之樹才能常青。

我們反對「法律服從於政治」包含了三層意思：第一，過去對法學服從於政治的強調，在理論和實踐上存在著兩個誤區。首先，就理論而言，「法律服從於政治」必然表現為：把黨在某一階段的政治任務、指導思想及其國家職能——尤其是專政職能作為法律的唯一價值之所在，忽視乃至閹割法律自身的價值和特徵，如法律應有的規範、指引、評價人們社會行為的作用及維護社會秩序、保障公民權利、自由，實現公平、富強、文明、民主和社會經濟的可持續發展的社會價值作用等，最終導致法律研究內容的萎縮。其次，「法律服從於政治」在新中國的法學實踐中表現為：法律服從於階級鬥爭，階級鬥爭不受法律約束的惡性循環。法律研究以反右、人民公社、大躍進、反帝反修、學習毛主席著作為宗旨便是這種惡性循環的具體表現形式。第二，新中國自 1957 至 1976 年黨的十一屆三中全會以前所講的政治，基本上就是指的階級鬥爭及一連串的政治運動，雖然毛澤東也說過政治是經濟的集中表現的話，但卻不把經濟作為黨的工作的重點。第三，我們這裡所說的走出「法律服從於政治」的誤區，其基本含義是：首先，法律雖與政治關係密切，且法學研究也必然要講政治，但這決不意味著政治可以取代法律，法律可以沒有自己獨立的地位。其次，走出誤區就是要擺脫法學研究中只把國家的職能、黨的任務、社會形勢的需求（如嚴打一類）作為法律全部作用及價值所在的思維方式，而要更多的研討法律自身的特徵、價值及研究對象等。最後，走

出誤區就是要借鑒新中國法學前 30 年的歷史經驗和教訓，決不能再把法律的作用僅僅視為專政的工具，更不能把講政治及法律與政治關係密切等命題庸俗化為法學研究只看領導人的臉色行事，法學文章及著作成為政治及形勢注腳的簡單形式。而是要提倡法學研究中的獨立思考精神及學者應有的人格尊嚴。退一步說，即便是新中國的政治在 1957 年之後，不再表現為以階級鬥爭為宗旨的一連串的運動，甚至說政治就是集中精力搞社會主義經濟建設，那麼法律也不單純是對政治，即經濟建設的簡單服從。因為，法律不僅有其自身的研究對象和地位，而且法治本身就是人類文明進步的重要標誌，而此一點是「法律服從於政治」之命題所無論如何都不能包括的。

論梁漱溟的法文化觀〔註1〕

　　說起梁漱溟，人們總愛把他稱作是「行動的儒者」，〔註2〕或者說他是中國現代史上最後一個儒家。〔註3〕是的，梁先生一生不僅披肝瀝膽致力於國家的富強與民族文化的復興，而且還以其青年的才氣於 24 歲時（1917 年 10 月）任北京大學印度哲學講席，並於 1922 年出版其專著《東西文化及其哲學》，從此梁氏之學術觀點便嘯聲學海，其學術品格亦遂為學界所心儀。梁漱溟的政治、文化、哲學思想，學界自 80 年代以來多有論述，而獨於其法律思想則很少論及。〔註4〕其實，梁先生的法文化觀則風格獨具，其在思想史上的意義是頗值得研討的。

　　梁漱溟祖籍桂林，1893 年 10 月 18 日生於北京，名煥鼎，字壽銘，早年曾用壽民、瘦民等筆名。20 歲取字漱溟後，即以字行。梁氏幼受庭訓，在父親人格的感召下，於少年時便萌發了對社會對國家的責任感。1911 年，梁漱溟在順天高等學堂畢業後，旋即參加辛亥革命運動。1916 年任南北統一內閣司法總長秘書。1917 年 10 月，應蔡元培先生之聘，任北京大學印度哲學講

〔註1〕 本文原載於《河南省政法管理幹部學院學報》1999 年第 2 期。
〔註2〕 景海峰：《梁漱溟評傳》，百花文藝出版社 1995 年版，第 84、114 頁。
〔註3〕 （美）艾愷：《最後的儒家——梁漱溟與中國現代化的兩難》，王宗昱、魏建忠譯，江蘇人民出版社 1993 年版。
〔註4〕 對梁氏思想的研究，現已出版的專著主要有：（美）艾愷：《最後的儒家——梁漱溟與中國現代化的兩難》，王宗昱、魏建忠譯，江蘇人民出版社 1993 年版。馬勇：《梁漱溟評傳》，安徽人民出版社 1992 年版。景海峰：《梁漱溟評傳》，百花文藝出版社 1995 年版。鄭大華：《梁漱溟與胡適》，中華書局 1994 年版。但這些著作均未對梁氏的法律觀點進行研討。

席。1928 年任中國國民黨兩廣政治分會建設委員會代主席，提出開辦鄉治講習所建議案未得實行。1929 年任北京《村治月刊》主編。1931 年與梁仲華等人在鄒平創辦「山東鄉村建設研究院」，任研究部主任、院長，提倡鄉村建設運動。抗日戰爭爆發後，任最高國防參議會參議員、國民參政會參政員。1938 年訪問延安。1939 年參與發起組織「統一建國同志會」。1941 年與黃炎培、左舜生、張君勱等商定將該會改組為「中國民主政團同盟」，任中央常務委員並赴香港創辦其機關報《光明報》，任社長。香港淪陷後，在中國共產黨的幫助下，撤回桂林，主持西南民盟盟務。1946 年作為民盟的代表參加政協會議，是年再訪延安，並以民盟秘書長身份，參與「第三方面」人士國共調停活動。1947 年退出民盟後，創辦勉仁文學院，從事講學與著述。1950 年初應邀來北京，歷任第一、二、三、四屆全國政協委員，第五、六屆全國政協常委。1980 年相繼出任中華人民共和國憲法修改委員會委員、中國孔子研究會顧問、中國文化書院院務委員會主席、中國文化書院發展基金會主席等職。〔註 5〕

梁漱溟先生既是著名的愛國民主人士，亦是在國內外享有盛譽的學者。作為著名的教育家、思想家、哲學家，在半個多世紀裏，他發表了大量有影響的著作，主要有：《東西文化及其哲學》《印度哲學概論》《鄉村建設論文集》《中國民族自救運動之最後覺悟》《鄉村建設理論》《我的自學小史》《中國文化要義》等。現有八卷本的《梁漱溟全集》行世，是研究梁氏法文化觀的主要資料。〔註 6〕

梁漱溟雖然不是法學家，也沒有專門的法學著作問世，但由於梁氏自幼接受西學教育，青少年時期便嚮往民主和法治的政治理想，「並且學習了近代國家法制上許多知識，」〔註 7〕故梁先生對西方法學理論並不陌生。加之，梁氏一生不僅以耿介自恃聞名於世，而且還向以獨立思考、不逐流俗而飲譽於

〔註 5〕李淵庭、閻秉華編：《梁漱溟先生年譜》，廣西師範大學出版社 1991 年版，第 293～294 頁；另可參見《簡明不列顛百科全書》，中國大百科全書出版社 1986 年版，第 5 冊，第 297 頁。

〔註 6〕《梁漱溟全集》共 8 卷，由山東人民出版社於 1989、1991、1993 年分別出版，現已全部出齊。

〔註 7〕李淵庭、閻秉華編：《梁漱溟先生年譜》，廣西師範大學出版社 1991 年版，第 263 頁。梁先生在 1942 年所寫的《我的自學小史》中說：「為了救國，自然注意政治而要求政治改造。像民主和法治等觀念，以及英國式的議會制度、政黨政治，早在 35 年前成為我的政治理想」。參見《梁漱溟全集》第二卷，第 682 頁。

學界，故當他在論述中國傳統文化時，往往把中國古代的法律與西方加以對比，或在對比中揭示其特點，或在其論述中迸發出睿智的火花。尤其是當他在 85 歲高齡時（1977 年），能說出「過去幾十年即是毛主席的人治時代，如我預測，今後則將是法治之代也」這樣的話來，這不但是梁漱溟作為儒家知識分子「一生心血、全副肝膽」的真實寫照，而且也是梁氏法文化觀的最為光輝的一頁。

考察梁先生的法文化觀，需注意三個問題：一是梁先生所處的時代，二是梁氏的人生態度和社會責任心，三是梁氏的文化價值觀念。由於梁先生的思想體系主要成熟於舊中國，且解放後並無根本性的變化，故我們研討梁氏的法律觀點時，就不能不把舊時的著作作為主要的資料；再鑒於梁先生總是在討論中國傳統文化時涉及法律，或把法律置於宗教、禮俗、人生態度之中，故我們把梁氏的觀點稱做法文化觀，這也是符合梁氏思想實際的。

一、弱水三千，吾獨取一瓢飲：梁氏觀察憲政的獨特視角

所謂憲政，就是要設立議會，頒布憲法，實行民主政治。中國自近代社會以來，變法圖強與救亡圖存便始終是無數仁人志士和那個時代有責任心的知識分子所面臨的兩大社會主題。在變法圖強的時代主旋律中，實行憲政更是人們所共同關心的話題。

梁漱溟正是生於這樣一個時代，這是中國生死存亡的多事之秋。他出生的第二年（1894 年），「甲午戰爭」爆發，清政府整個海軍覆沒。國家的危難，幼時的啟蒙教育及父親人格的感召力使得甲午海戰前一年出生的梁漱溟，從小便在心裏埋下了一顆為民族獨立、國家富強、文化復興而奮鬥、探索的種子。他曾醉心於西方政治制度在中國的實現，先贊成「君主立憲」，隨後又加入同盟會，投身於辛亥革命。他在日後寫道：「我最初態度，自然是渴望中國憲政之實現。大約當前清光緒宣統年間，比較有知識的人都是如此」。〔註 8〕

單就青少年時期追求憲政而言，梁漱溟的思想並無什麼特別值得注意之處，因為這在當時是所有要求進步的讀書人的共同價值取向，如沈鈞儒等。

梁先生的獨特之處在於他其後對憲政的認識、分析和態度的變化。概言之，有以下兩點是特別值得注意的：

〔註 8〕梁漱溟：《梁漱溟全集》，第六卷，山東人民出版社 1993 年版，第 487 頁。

1.「鄉村運動便是我的憲政運動」〔註9〕

這是梁先生的獨特命題。梁氏對憲政認識的前後變化與他的人生態度、文化觀念、中國憲政運動的歷史緊密相關。

先說梁氏的人生態度。與同時代的人不同，梁漱溟幼時，除了讀過《三字經》之外，並沒有接受傳統的儒家經典教育去讀四書五經，而是讀《地球韻言》一書，此書的內容主要是一些歐羅巴、亞細亞、太平洋、大西洋之類的事。之所以如此，是出自梁氏父親的安排。梁漱溟寫道：「說起來好似一件奇事，就是我對於四書五經至今沒有誦讀過，只看過而已。這在同我一般年紀的人是很少的。不讀四書，而讀地球韻言，當然是出於我父親的意思。他是距今45年前，不主張兒童讀經的人。這在當時自是一破例的事。為何能如此呢？大約由父親平素關心國家大局而那些年間恰是外侮日逼。」〔註10〕

父親的人格感召及西學的浸潤，使得少年時期的梁漱溟嚮往事功，鄙視學問，醉心於憲政運動。但很快他就發現，這是一種膚淺的認識。他後來回憶說：「我那時自負要救國救世，建功立業，論胸襟氣概似極其不凡；實則是人生思想上，是很淺陋的。對於人生許多較深問題，根本未曾理會到。對於古今哲人高明一些的思想，不但未加理會並且拒絕理會之。蓋受先父影響，抱一種狹隘功利見解，重事功而輕學問」，〔註11〕他又說：「我當時對中國問題認識不足，亦以為只要憲政一上軌道，自不難步歐美日本之後塵，為一近代國家」。〔註12〕30年代後，梁漱溟的思想起了變化，雖然40年代他依舊在談論憲政問題，但梁氏所論之憲政與他人甚為不同，其立論之宏毅一如其個性之鮮明。梁漱溟說：「鄉村運動便是我的憲政運動。所謂一個與前不同的態度，便是以前認憲政為救急仙方。今則知其為最後成果了。此次答邵先生書，說『憲政可以為遠圖而非所謂急務』，意本於此。」〔註13〕

視鄉村運動為憲政運動，似是驚世駭俗之語。其實，梁先生由對憲政的狂熱轉向鄉村運動的冷靜思考，其思想變化的內在理路是對中國社會問題的獨特思考和文化價值觀念的確立，促使這一內在理路發展的是中國憲政命運的多舛。

〔註 9〕梁漱溟：《梁漱溟全集》，第六卷，山東人民出版社1993年版，第498頁。
〔註10〕梁漱溟：《梁漱溟全集》，第二卷，山東人民出版社1993年版，第667頁。
〔註11〕梁漱溟：《梁漱溟全集》，第二卷，山東人民出版社1993年版，第683頁。
〔註12〕梁漱溟：《梁漱溟全集》，第二卷，山東人民出版社1993年版，第688頁。
〔註13〕梁漱溟：《梁漱溟全集》，第六卷，山東人民出版社1993年版，第498頁。

在中國的憲政史上，清末的「預備立憲」未及實行，遂告破產。辛亥革命的爆發，雖然在孫中山的領導下建立了南京臨時政府，制定了《中華民國臨時約法》，但其後不久，勝利的果實便落入了袁世凱之手。「憲政」於北洋政府之手中，乃是一欺世盜名的工具。這深深刺痛了梁漱溟及其那個時代追求進步的知識分子的心。不同的是，當很多人仍以對社會對國家的責任而繼續奔走呼號憲政時，梁氏卻由此轉向了對中國社會問題特殊性的思考，追問的結果必然涉及到文化問題。

梁先生認為，所謂文化，就是一個民族的生活樣法，那一個民族的生活樣式。由於中西的社會結構不同，故二者的生活樣式與人生態度也存在著較大的差異。中國是一個倫理本位的社會，故人與人之間講情誼，尚恭讓，提倡道德自律，但團體生活差，無責任心，生活散漫；西方以個人為本位，重自由，尚權利。故中國憲政之不能實行，不在於說憲政實行的道路上有諸多如袁世凱、曹錕之流擋道，更重要的在於民眾缺乏實行憲政之精神，在梁氏看來，欲行憲政，當變民俗，而他的鄉村建設運動正在於要革陋俗，新民心，培育民眾的自強意識，由此而立憲政實行之基，這正是梁先生心目中的憲政運動。故梁氏不但於 1937 年正式出版了《鄉村建設》〔註14〕（又名《中國民族之前途》），他還身體力行地在山東鄒平及其他地區進行了鄉村建設的理論實踐，表現了一個儒者「知行合一」的氣象。

雖然梁先生的鄉村建設運動終歸走向失敗，但我們卻不能一概視梁氏的理論為笑柄，因為在他的視野中已蘊含了現代憲政理論的萌芽：憲政不僅是制度的建立，更重要的是民眾憲政理念及價值的確立。這表現了一個行動儒者的深刻洞察力和一個智者的行嚴氣象，也是下面將要涉及到的第二個問題。

2. 自由權利之精神乃憲政運動之靈魂

梁漱溟對憲政的認識，在憲政理論的常識方面並無與人有不同之處。比如他說：「憲政是一種政治。政治是指國家的事情而言。……憲政是一個國家內，統治與被統治兩方面，在他們相互要約共同瞭解下，確定了國事如何處理，國權如何運行，而大眾就信守奉行的那種政治。」〔註15〕這些理論即使現在的教課書也還這樣說。耐人尋味的是，梁漱溟畢竟是一個極愛思考且又有時代個性的人，故他對憲政的思考，其重點在於：中國人以滿腔熱情推行

〔註14〕梁漱溟：《梁漱溟全集》，第二卷，山東人民出版社 1993 年版，第 142 頁。
〔註15〕梁漱溟：《梁漱溟全集》，第六卷，山東人民出版社 1993 年版，第 463 頁。

憲政，建構定制，但都總歸於失敗，其原因何在？

梁氏的回答有三：其一，應於社會中尋求原因。梁氏寫道：「打擊這運動使它不能成功的，看是袁世凱北洋軍閥那一幕一幕歷史劇，實則造成這幾幕劇的，不是袁等個人，而是那時全體社會」。〔註16〕其二，中國社會無實行憲政之政治習慣。梁漱溟說：「一種政治制度不寄於憲法條文上，卻託於政治習慣而立。西方政制在我國並沒有其相當的政治習慣，全然為無根之物。單憑臨時約法幾條條文，建立不起自屬當然」。〔註17〕其三，民眾缺乏自由、權利之意識，這是中國憲政運動失敗的根本原因。梁先生說：「更進一層，我們由此認識得中西兩方人生態度絕相異，或說，民族精神彼此絕相異。西洋這種制度所由產生，全在其向前爭求不肯讓步之精神。所爭求者，一是個人種種自由權，二是預聞公事的公民權（或參政權）。這些問題一經確定下來，便步入憲政，而且憲政所賴以維持而運用者，還靠此精神。如果不是大家各自愛護其自由，抱一種『有犯我者便與之抗』的態度，則許多法律條文，俱空無效用。如果不是大家關心其切身利害問題，時時監督公事之進行，則大權立即為少數人所竊取。所以這種精神，實在是憲政的靈魂。但中國自 1911 年革命後，徒襲有西洋制度之外形，而大多數人民的根本精神卻不能與之相應」。〔註18〕

梁漱溟能把憲政的實行與否與中國的社會、政治習慣、民眾意識、價值觀念諸因素聯繫起來考察，實屬難能可貴，從此一角度觀察問題，直到 20 世紀的 90 年代，《憲政譯叢》〔註19〕的主編之一梁治平先生亦仍在繼續採用，他在該叢書的總序中說：「中國自有憲法已將近百年，然中國之憲政建設尚待完成。蓋憲政之於憲法，猶如法治之於法制，其盛衰共廢，不獨受制於法律之制度，更取決於政制之安排、社會之結構、公民之素質與民眾之信仰。故修憲法雖易，行憲政實難。吾人行憲政之難，猶在此理念與制度皆出自西域而非生於本土。」〔註20〕從此一意義上說，梁漱溟先生數十年前之所論也可謂是黃鐘大呂之聲了。

〔註16〕 梁漱溟：《梁漱溟全集》，第六卷，山東人民出版社 1993 年版，第 490～491頁。

〔註17〕 梁漱溟：《梁漱溟全集》，第六卷，山東人民出版社 1993 年版，第 491 頁。

〔註18〕 梁漱溟：《梁漱溟全集》，第六卷，山東人民出版社 1993 年版，第 492 頁。

〔註19〕 《憲政譯叢》，梁治平、賀衛方主編，該譯叢共十一種，由三聯書店分別出版，中央電視臺的一套節目《讀書時間》欄內有專題介紹。

〔註20〕 （美）肯尼思·W·湯普森編：《憲法的政治理論》，張誌銘譯，三聯書店 1997年版，第 1 頁。

二、「中國法律基於義務而立」

　　自從鴉片戰爭後，西學東漸，中西文化問題遂成為當時關心民族國家命運的知識分子所思考的主要問題之一。然而，在相當長一段時間內，由於民族危亡及傳統文化危機的雙重壓力，中國的知識分子很難以一種冷靜的態度對此一課題進行深入的分析。19 世紀後半葉，「中體西用」論流行於世，「五四」時期，隨著對中國文化的激烈批判，「全面西化」論又佔了上風。正是在此種形勢下，善於思辨、孤傲獨行的梁漱溟開始了對中西文化的研討，在學界樹起了一面風格迥異的大旗。

　　梁先生對中西文化的比較研討，第一部成名作是《東西文化及其哲學》，這部講稿 1921 年 10 月先由北京財政局出版，1922 年 1 月，改由上海商務印書館正式發行。在這部著作裏，梁先生提出了一套言之成理的看法，對中國、西方、印度三大文化進行了比較和研究。由於梁先生關注的重點是文化，而非法律，故在這本書中，法律的內容並不多見。好在梁先生對中國文化的關照，其思路雖有所變化和修正，但對中國社會問題的關照及對西方文化的對比剖析，大體是一致的。並且隨著對中國文化特徵的深切思考，它必然要涉及到法律、法制及其權利諸類問題。這就使我們能在其 1949 年完成的《中國文化要義》中窺見到梁先生對法律問題研討的真知灼見。

　　梁漱溟是在文化的研討中凸現出自己對法律問題的認識的，他又經常把這種認識與西方文化及其法律加以對比，在對比中概括出中國法律的特徵。他說：「中國法律早發達到極其精詳地步。遠如唐律，其所規定且多有與現代各國法典相吻合者。但各國法典所致詳之物權債權問題，中國幾千年卻一直是忽略的。蓋正為社會組織從倫理情誼出發，人情為重，財物斯輕，此其一。倫理因情而有義，中國法律一切基於義務而立，不基於權利觀念，此其二。明乎此，則對於物權、債權之輕忽從略，自是當然的。此一特徵，恰足以證明我們上面所說財產殆屬倫理所共有那句話。」〔註 21〕梁漱溟這段話蘊含有深刻的思想內容，它既概括出了中國法律的重要特徵，又揭示了這個特徵與中國社會結構及其文化的內在聯繫，同時又闡明了中西法律因社會結構、文化的不同而顯現的內在差異。梁先生的這種認識，直到 20 世紀 80 年代仍被法學界所稱許。

〔註 21〕梁漱溟：《梁漱溟全集》，第三卷，山東人民出版社 1993 年版，第 83～84 頁。

現在需要說明的是，欲理解梁先生這段話的深刻含義，我們必須對下述問題有所認識：

首先，「中國法律一切基於義務而立」這一特徵不是憑空產生的，它深植於中國社會結構及文化精神之中。那麼，我們要問，在梁先生看來，中國社會的結構是什麼，文化的含義如何，其特徵怎樣，它們又是怎樣影響著法律的呢？其實，梁先生對這個問題的認識是先從文化入手的。

文化是什麼？梁先生最早的回答見諸於其所寫的《中華學友會宣言》（1917），這是他給文化第一次下定義，他說：「文化也者，謂人心之有侖脊也；所謂侖脊自其條析言之則為析解所異；自其條貫言之，則為貫通所同；存乎物象，而寙於人心焉。」〔註22〕這時所謂「自其條析」言之，是說要在與西方文化的比較中，析其所異，總括時論；所謂「自其條貫言之」，則是說，要對文化做「貫通所同」的本質揭示。在其後的文化研究中，梁先生在吸收柏格森、叔本華及社會人類學派威斯勒（Wissler）等理論中營養的同時，始終用一整體的觀念去把握文化的內涵。

在《東西方文化哲學》中，梁漱溟論述道：「你且看文化是什麼東西呢？不過是那一民族生活的樣法罷了。生活又是什麼呢？生活就是沒盡的意欲（will）——此所謂『意欲』與叔本華所謂意欲略相近——和那不斷的滿足與不滿足罷了。」〔註23〕這裡要注意的是，所謂「生活的樣法」，即生活方式、範型。如僅僅如此，我們尚可視為是一種與文化人類學家看法基本相同的規範性定義。〔註24〕問題在於梁先生關注的重點「生活」一詞，與西方學者所言是大相徑庭的。梁氏所謂「生活」既非物質的，也非精神的，而是「意欲」。由「生活的樣法」到「沒盡的意欲」，文化的落腳點在於後者，而不是前者。這也就是後來梁先生在《中國文化要義》裏所說的，人生的價值觀念及態度是文化的根本。因此，他說：「文化就是吾人生活所依靠之一切」，〔註25〕而我們生活中依靠者，無非是生產工具、方法技術及相關社會之組織制度等。這些當然在文化中佔有相當多的分量。然而，相對而言，這些都是次要的。

〔註22〕梁漱溟：《梁漱溟全集》，第四卷，山東人民出版社1993年版，第157頁。
〔註23〕梁漱溟：《梁漱溟全集》，第一卷，山東人民出版社1993年版，第352頁。
〔註24〕如文化人類學家貝內特（Bennett）和圖明（Tumin）指出：「文化是一切群體的行為模式。我們把這些行為模式叫做生活方式。」轉引自景海峰：《梁漱溟評傳》，百花文藝出版社1995年版，第53頁。
〔註25〕梁漱溟：《梁漱溟全集》，第三卷，山東人民出版社1993年版，第9頁。

梁先生認為，在文化中，人生態度是其根本。他說：「居中心而為之主的，是其一種人生態度，是其所有之價值判斷。——此即是說，主要還在其人生何所取捨，何所好惡，何是何非，何去何從。」〔註26〕

這裡，梁先生想要說明的是，人生態度是文化的根本，要認識一個社會的文化，應從此入手；要區分文化的不同，也應於此用力。而人生的態度之所以各異，就在於人生所要解決的問題不同。梁氏認為，人生所要解決的問題可分為三類：一是人對物的問題，二是人對人的問題，三是人對自身的問題。在人對物的問題上，人們的人生態度多為向外用力，即從身體出發；在人對人的問題上，人們的人生態度多為向裏用力，即從心（理性）出發。〔註27〕人對人的問題其實質是心對心的問題。人們未嘗不可以向外用力的態度對待人，但是這樣，問題則沒法解決了。

就中國而言，「中國式的人生，最大特點莫過於他總是向裏用力，與西洋人總是向外用力者恰恰相反」〔註28〕。之所以如此，就在於中國的社會結構與西方不同。而社會結構又對文化有著不可忽視的影響，法律植根於文化及社會的土壤中，其特徵因而彰顯。這樣以來，梁先生便把文化、社會與法律聯繫在一起了。

中國社會的結構是什麼？它與西方有哪些不同？梁先生總結一生研究之心得，認為：倫理本位、職業分途是中國社會的最大特色。

這裡，「職業分途」是說中國古代社會，士、農、工、商雖有分工，但他們之間是可以互相流通的，此一問題梁氏有專門的論述，因它與我們上面所講的中國法律的特徵沒有必然的聯繫，故此處可略而不論。但就「倫理本位」而言，它與中國法律的特徵攸切相關，乃為最值得論述之要點。

何謂倫理本位呢？梁先生是在與西方文化的比較中，一邊反駁中國是家庭本位的觀點，一邊展開對自己觀點的闡述的。他說：「然則中國社會是否就一貫地是家庭本位呢？否，不然。我們如其說，西洋近代社會是個人本位的社會——英美其顯例；而以西洋最近趨向為社會本位的社會——蘇聯其顯例。那我們應當說中國是一『倫理本位的社會』。……要知：在社會與個人相互關係上，把重點放在個人者，是謂個人本位；同在此關係上而把重點放在社會

〔註26〕梁漱溟：《中國文化要義》，上海人民出版社 2005 年版，第 95～96 頁。
〔註27〕梁漱溟：《中國文化要義》，上海人民出版社 2005 年版，第 268 頁。
〔註28〕梁漱溟：《中國文化要義》，上海人民出版社 2005 年版，第 200 頁。

者，是謂社會本位；皆從對待立言，顯示了其間存在的關係。此時必須用『倫理本位』這話，乃顯示出中國社會間的關係而解答了重點問題。」〔註29〕

在梁先生看來，說中國是倫理本位，主要在於中國人特講情誼，特重家庭，人與人之間向以對方為重，不以己利為先。倫理關係者，情誼關係之謂也，亦即是相互間的一種義務關係。以此為基礎，凡朋友、師生、君臣皆可擬化為人倫親情。梁漱溟寫道：「人一生下來，便有與他相關係之人（父母、兄弟），人生且將始終在與人相關係中而生活（不能離社會），如此則知，人生實存於各種關係之上，此種種關係，即是種種倫理。倫者，倫偶；正指人們彼此之相與。相與之間，關係遂生。家人父子，是其天然基本關係；故倫理首重家庭。……倫理始於家庭，而不止於家庭。倫理關係，即是情誼關係，亦即是其相互間的一種義務關係。倫理之『理』，蓋即於此與義上見之。更為表示彼此親切，加重其與義，則於師恒於『師父』，而有『徒子徒孫』之說；於官恒曰『父母官』，而有『子民』之說；於鄉鄰朋友，是互以叔伯兄弟相呼。舉整個社會各種關係而一概家庭化之，務使親情益親，其義益重。由是乃使居此社會中者，每一個人對於其四面八方的倫理關係，各負有其相當義務；同時，其四面八方與他有倫理關係之人，亦各對他負有義務。全社會之人，不期而輾轉互相聯鎖起來，無形中成為一種組織。」〔註30〕

其次梁先生認為，倫理本位的社會結構不僅決定了中國文化的個性，而且也直接影響著中國法律的內部結構及人們的思想觀念。梁氏指出，中國人的權利、自由概念十分淡漠，法律體系中沒有公法、私法之分，也沒有民法、刑法的區別，中國自古法律，不過是刑律而已。他說：「權利、自由這類概念，不但是中國人心目中從來所沒有的，並且是至今看了不得其解的。」〔註31〕「權利一詞，是近數十年之舶來品，譯自英文 rights。」〔註32〕

說中國人沒有權利、自由之類的概念，中國古籍裏也沒有此類稱謂，這並不難理解，因為中國古代社會是君主專制的家天下。但問題在於：在中國人的生活中，難道就不存在著權利的事實嗎？子女對父母難道只是盡義務嗎？這個問題的癥結何在？對此，梁先生做了精闢的分析。他指出，由於中

〔註29〕梁漱溟：《梁漱溟全集》，第三卷，山東人民出版社1993年版，第80～81頁。
〔註30〕梁漱溟：《梁漱溟全集》，第三卷，山東人民出版社1993年版，第81～82頁。
〔註31〕梁漱溟：《梁漱溟全集》，第三卷，山東人民出版社1993年版，第23頁。
〔註32〕梁漱溟：《梁漱溟全集》，第三卷，山東人民出版社1993年版，第93頁。

西社會結構不同，西方社會以個人為本位，故到法律上，就形著為權利本位的法律；而在中國是以倫理為本位，個人不被發現，彌天漫地是義務觀念，故法律以義務而立。這就是說，「在西洋，各人主張自己權利而互以義務課於對方；在中國，各人以自盡其義務為先，權利則待對方以賦予。是其一趨於讓，一趨於爭」，〔註33〕中國人是在相讓、相與之中，不言權利而實際上享受到權利的。若事事相爭，聲言權利，則不合中國人的口味，這就是中國文化的奧妙之所在。梁漱溟指出：「（權利）論其字之本義，為『正當合理』，與吾人之所尚初無不合。但有根本相異者，即它不出於對方之認許，或第三方面之一般公認，而是由自己說出。例如子女享受父母之教養供給，誰說不是應當的？但如子女對父母說『這是我的權利』，『你應該養活我，你要給我相當教育費』——便大大不合中國味道。假如父母對子女說『我應當養活你們到長大』；『我應當給你們相當教育』——這便合味道了。就是父母對子女而主張自己權利，亦一樣不合。不過沿著自幼小教導子女而來的習慣，父母責子女以孝養，聽著好像不如是之不順耳而已。其他各種關係，一切準此可知。要之，各人盡自己義務為先；權利是待對方賦可與，莫自己主張。這是中國倫理社會所準據之理念。而就在彼此各盡其義務時，彼此權利自在其中；並沒有漏掉，也沒有遲延。事實不改，而精神卻變了。」〔註34〕

正是人倫本位的社會結構與文化中長期蘊含的禮讓之風，才使得中國法律也一向不把與人們權利聯繫密切的物權、債權視為當務之急，法律以義務為本位，自然刑法也就占其主導地位，「中國自古所謂法律，不過是刑律，凡所規定都與刑罰有關。」〔註35〕梁先生這裡引用的雖是學者張東蓀先生的觀點，但它畢竟也表明了梁氏觀察法律問題的角度。梁先生又說：「舊日中國之政治改造，比國君為大宗子，稱地方官為父母，視一國如一大家庭。所以說『孝者所以事君，弟者所以事長，慈者所以使眾』；而為政則在乎『如保赤子』。自古相傳，二三千年一直是這樣。這樣就但知有君臣官民彼此間之倫理的義務，而不認識國民與國家之團體關係。因而在中國就沒有公法私法的分別，民法刑法亦不分了。」〔註36〕

〔註33〕梁漱溟：《梁漱溟全集》，第三卷，山東人民出版社1993年版，第202頁。
〔註34〕梁漱溟：《梁漱溟全集》，第三卷，山東人民出版社1993年版，第93頁。
〔註35〕梁漱溟：《梁漱溟全集》，第三卷，山東人民出版社1993年版，第121頁。
〔註36〕梁漱溟：《梁漱溟全集》，第三卷，山東人民出版社1993年版，第85頁。

　　此外，梁先生還在文化研究中，通過與西方的對比，指出了法律與禮俗的不同點，並深刻指出了中國社會之所以以禮俗為治的社會根源，這是梁漱溟法文化觀中極為閃光的地方。梁漱溟結合孟德斯鳩的法學理論，對照中國的實際，指出：中國社會秩序的維持靠禮治，西方社會依法律。而法律與禮俗是不同的，其區別有二：其一，禮俗起源民間的社會生活；法律則由國家制定。其二，禮俗示人以理想，靠自覺遵守，而法律則具有強迫性，以國家強制力為後盾督促人們遵守。梁漱溟說：「西洋中古社會靠宗教，近代社會靠法律。而中國社會如吾人所見，卻是以道德代宗教，以禮俗代法律。此即是說：在文化比較上，西洋走宗教法律之路，中國走道德禮俗之路。宗教自來為集團形成之本，而集團內部組織秩序之釐定，即是法律。所以宗教與法律是相聯的。道德之異乎宗教者，在其以自覺自律為本，而非秉受教誡於神。禮俗之異乎法律者，亦在其慢慢由社會自然演成，而非強加制定於國家。」〔註37〕

　　他又說：「法律制度是國家的（或教會的，如中古教會所有制），而道德禮俗則屬個人及社會的。法律制度恒有強制性，而道德禮俗則以人之自喻共喻自信共信者為基礎。前者好像是外加的，而後者卻由社會自身不知不覺演成。」〔註38〕

　　梁漱溟不僅分析了法律與習俗的區別，而且還找出了中國社會走向禮俗，西方社會走向法律的原因所在。梁先生並沒有簡單地回答說，二者之所以不同，就在於中國是倫理本位，西方社會是個人本位。而是在支持中國社會倫理本位的基礎上進一步作深入細緻的分析。梁先生指出，西洋人未始無家庭，但由於西方集團生活太緊張太嚴重，家庭關係遂為其所掩。團體與個人是一個問題的兩個方面。鬆於此者，緊於彼。「在西洋既富於集團生活，所以個人人格即由此而苕露。在中國因缺乏集團生活，亦就無從映現個人問題。團體與個人在西洋儼然兩個實體，而家庭幾若為虛位。中國人卻從中間就家庭關係推廣發揮，而以倫理組織社會消融了個人與團體這兩端。」〔註39〕那是說，中國人在團體、家庭、個人三者關係中，著眼於家庭，而忽視個人人格及團體生活；西方恰與此相反，於三者關係中，著眼於個人，富於團體生活而弱

〔註37〕梁漱溟：《梁漱溟全集》，第三卷，山東人民出版社1993年版，第291頁。
〔註38〕梁漱溟：《梁漱溟全集》，第三卷，山東人民出版社1993年版，第225頁。
〔註39〕梁漱溟：《梁漱溟全集》，第三卷，山東人民出版社1993年版，第79頁。

於家庭。此其一。其二，中國文化受周孔（周公、孔子）教化思想影響甚巨，孔子所關注的，與其說是社會秩序或社會組織，毋寧說是個人作為人倫關係網中的一個點，如何在與家庭、朋友、社會相處中，作一個人。再具體一點說，一個人理想的人格只能在家庭關係中的相對位置上完成，而在這個相對位置上，他又必須時刻注意以義務課於自身，如孝子、慈父、忠厚的哥哥（兄友）、溫順的弟弟（弟恭）等等，而不能說，一個完滿的人格就是最好的「家庭之一員」那樣抽象不易捉摸的話。孝子、慈父之類的人格精神在於倡導敦勉仁厚之情。由此，對中國人來說，在個人為完成他自己，於社會形成某種組織與秩序。儒家倫理名分之所興，正是社會禮俗之所起。在西方，一個完滿的人格與最好的市民是一致的，而市民在城市國家中之地位關係與權利義務，皆由法律規定之，個人人格因權利義務關係明確而立，社會組織與秩序因法律而成。這就是二者的不同。〔註40〕梁漱溟寫道：「西洋自始（希臘成邦）即重在團體與個人間的關係，而必須留意乎權力（團體的）與權益（個人的），其分析似為硬性的，愈明確愈好，所以走向法律，只求事實確定，而理想生活自在其中。中國自始就不同，周孔而後則更清楚地重在家人父子的關係，而映於心目中無非彼此之情與義，其分際關係似為軟性的，愈敦厚愈好，所以走和禮俗，明示其理想所尚，而組織秩序即從以奠定。」〔註41〕

也正是因為如此，梁先生還指出，「外國人上法庭如同家常便飯，不以好訟為謙。中國人則極不願打官司，亦很少打官司。親戚朋友一經涉訟，傷了感情，從此不好見面。在歐美律師為上等職業，在中國則訟師乃為眾人所深賤而痛惡。往時一個人若打過官司，便被人指目說『這是打過官司的人』，意若云『這人不好招惹』或『這人品行可疑』。諺語有『餓死不作賊，屈死不告狀』，其嫌惡拒絕之情，不獨外國人難瞭解，抑非今日中國人所瞭解。」〔註42〕

對梁漱溟上述觀點的評價，我們姑且不說它確屬一個學者的自成體系的慧眼獨見。就是看看1980年之後，法學界不少著名的學者在討論中西法律文化時所持的觀點，便知道梁先生的影響該有多大了，至於對梁漱溟法文化觀的得失評價，則待後詳。

〔註40〕梁漱溟：《梁漱溟全集》，第三卷，山東人民出版社1993年版，第119～120頁。

〔註41〕梁漱溟：《梁漱溟全集》，第三卷，山東人民出版社1993年版，第121頁。

〔註42〕梁漱溟：《梁漱溟全集》，第三卷，山東人民出版社1993年版，第199頁。

三、區分法治與人治

學界通常認為，所謂法治，就是依法治國，治理國家主要是靠法，而不是靠某個人的道德水平及智慧的高低。而人治的重點在於強調：治理國家主要靠賢人。法治固然也不否認發揮人的才能，但這與主張國家興衰繫於一人英明與否的人治是絕然不同的。

梁先生不是法學家，故對「法」、「法治」諸概念的提法與解說多與學界通行的看法有異。這也許正是梁先生不同於他人之處。

先說「法」。梁漱溟對「法」的定義有兩種：他在 1937 年的《鄉村建設理論》一文說：法是一個團體中多數份子的公共意思。〔註43〕此其一。其二，他在 1944 年論述憲政時說，「『法』這樣東西，應該是為國人所公認而共守的；此所以有『國法』之稱。依理言之，此國法便須是國人公共的意思，絕非任何一個或一部分人可以其意思加於全國人身上的。」〔註44〕可見，在梁漱溟看來，所謂「法」，就是一個團體或一個國家中多數人的意思表示。

其實，梁先生對「法」的理解，並不十分準確。法律或法，是指經國家制定或認可的，以國家強制力為後盾的，用來調整人們權利義務關係行為規則的總和。法反映的是統治階級的整體意志，而這個意志的內容是由該統治階級生存的生產方式所決定的。只有社會主義國家的法才是多數人意志的體現。剝削階級的法並不反映多數人的意思，這是馬克思主義法學的觀點。對此，梁漱溟並沒有明確的認識。

梁先生之所以把法看作是一個團體、一個國家多數人的意思表示，其原因在於，他要以此與自己所理解的「法治」相聯繫，並進一步闡明「法治」與「人治」的區別。

梁漱溟對「法治」的理解，其內涵並無根本的變化，但由於時代的不同，其論說「法治」的側重點則是有所區別的，梁先生青年時期參加辛亥革命，擁護憲政，崇尚法治，他那時理解的法治，就是資產階級的立憲。其後，梁先生轉入從中國傳統文化中尋求改造舊中國、建設新中國的「路向」。他主張改造舊中國，必須從鄉村入手，以教育為手段來改造社會，並積極從事鄉村建設的理論實踐。他在 1937 年寫就的《鄉村建設》一文中說，法治就是指一個團體以法為最，法乃一個團體中多數人的公共意思，個人不能高過團體，決

〔註43〕梁漱溟：《梁漱溟全集》，第二卷，山東人民出版社 1993 年版，第 292 頁。
〔註44〕梁漱溟：《梁漱溟全集》，第六卷，山東人民出版社 1993 年版，第 474 頁。

不能以少數人的意思去發號施令代替法。如果命令大過了法律，那就是人治而不是法治。這是人治與法治的最大不同。

有趣的是，梁漱溟於此處辨析法治與人治的不同，並非意味著他在鄉村建設理論中崇尚法治。因為在他看來，建設鄉村，改造老中國，既要不違背民治──即大多數人的意思表示（此意義上相同於法治），又要符合中國人的精神，符合古人理想的政治。梁氏自己認為，一個最合適的理論應是既不違背民治精神，又不是法治。他為此提出了一個新術語，即「人治的多數政治」，或「多數政治的人治」。這才是梁漱溟的旨趣所在。梁先生寫道：「這個新的政治，一方面是民治，一方面是非法治，照例說是民治必是法治，但是這個新的政治不是如此，在法治中本以法為最高，因法是一個團體中多數份子的公共意思決定下來的，個人誰也不能高過團體，只能根據法可以出命令，決不能以少數人的意思去發號施令而代替了法。如果命令大過了法律，那就是人治而非法治。所以法治與人治是衝突的，人治與民治也彷彿是不兼容的；不過現在我們是給他調和了。這個調和，我名之為：『人治的多數政治』或『多數政治的人治』。政治上的分別，不外多數政治與少數政治，我們現在的這種尊尚賢智，多數人受其領導的政治，自一方面看，的的確確是多數政治，因多數是主動，而非被動；但同時又是人治而非法治，因不以死板的法為最高，而以活的高明的人為最高。本來在政治裏頭法之所以為最高，因為他是大家所同意承認的東西，是團體意思的表示；譬如國家的憲法所以為最高者，由於其為人所公認，所同意。法即可因大家承認同意為最高，那麼，一個人也未嘗不可因大家承認同意為最高。大家都同意承認這一個人，因而此人取得最高地位，這也像法之被大家同意承認而得為最高者一樣！這個話若能通，這種政治就叫做『多數政治的人治』，或『人治的多數政治』」。〔註45〕

到了 1944 年，憲政成為愛國民主人士關注的熱門話題。梁漱溟亦把「法治」與「憲政」緊密聯繫起來。他認為，「說『憲政』就等於說『法治』」〔註46〕。具體說來，憲政有兩點原則：一是以國會為立法機關，非經一定程序，不能成為法律；二是法為最高，國人於此定其從違，任何機關命令亦不過依法而發出的，絕不許以命令變更法律。就此，梁氏認為，「所謂『法治』非他，

〔註45〕梁漱溟：《梁漱溟全集》，第二卷，山東人民出版社 1993 年版，第 292～293 頁。

〔註46〕梁漱溟：《梁漱溟全集》，第六卷，山東人民出版社 1993 年版，第 473 頁。

即對此種原則之確認及其實踐」〔註47〕。

由上，我們可以看出，梁漱溟雖然指出了「法治」與「人治」的區別，並把「法治」與「憲政」相連，但梁的本意卻不在於倡導「法治」與「憲政」。因為，在梁先生心目中，鄉村建設及鄉村改造才是他所說的「憲政運動」，而在他的鄉村改造理論中，他是主張儒學之復興，以儒家理想改造現實的。他說：「鄉村運動便是我的憲政運動。所謂一個與前不同的態度，便是以前認憲政為救急仙方，今則知其為最後戰果了。此次答邵先生書，說『憲政可以為遠圖而非所謂急務』，意本於此。」〔註48〕

梁先生對法治的看法在解放後是否有所變化呢？試請看下面的論述。

四、法制與民主必逐步展開

新中國甫建之時，毛澤東曾有意邀請梁先生參加人民政府，但被梁氏婉言謝絕。因為在梁氏看來，如參加政府，便不能保持獨立思考，這與他的人生態度是不兼容的。後來，梁先生通過到各地的參觀，開始對自己原有的認識有所修訂。他承認中國共產黨領導的成功，也對原來自己認為中國社會只有職業分途、而無階級對立的觀點進行了反省，並開始用階級的眼光去分析問題。但梁氏並沒有從根本上改變自己的文化觀，也在相當長的一段時間內沒有關注法治的問題。

待文化大革命結束、毛澤東逝世後，梁先生也開始了對文化大革命進行總結，並對毛澤東解放後，尤其是晚年不重視法制的錯誤進行了總結和批評，並再一次對「人治」與「法治」作出界定，這一次，梁先生已與前不同，他從文化大革命及毛澤東晚年所犯的錯誤中認識到了實行法治的必要性。

梁先生認為，毛澤東解放後不重視法制，治理國家基本上靠人治。他在《毛主席對於法律做如是觀》一文中說：「我固早知在毛主席思想體系中，法律只是施政的工具，非其所重。此其例甚多。即如清季有法律學堂，民國初年有法政專門學校，今毛主席卻不沿用『法政』一詞，而必曰『政法』者，正謂無產階級專政為主，固非若近世歐美立憲國家，憲法高於一切也。」〔註49〕梁漱溟進而指出：法治與憲政相適應，專政條件下必是人治。他說：「凡事在

〔註47〕梁漱溟：《梁漱溟全集》，第六卷，山東人民出版社1993年版，第474頁。
〔註48〕梁漱溟：《梁漱溟全集》，第六卷，山東人民出版社1993年版，第498頁。
〔註49〕梁漱溟：《梁漱溟全集》，第七卷，山東人民出版社1993年版，第429頁。

頭腦中要分個清楚明白，不宜模糊混淆，專政就不是憲政，憲政國家以憲法尊嚴至上，罪莫大於違憲，以法為治，是所謂法治。專政國家則相反，要在乎統治全國者之得人，亦即所謂人治。」〔註50〕

這裡必須說明的是，梁先生此處對於人治與法治的區別確乎比從前更為清楚，其立意也與從前大不相同，現在梁先生已有重視法治之意了。但他認為有專政，則必實行人治卻又是偏頗的。今天，我們國家的性質仍是人民民主專政，但是要建立市場經濟體制，要發揚民主政治，法治就成為歷史的必然。故能否實行法治，不在於有無專政之稱謂，而在於治國的戰略靠人，還是依據法律。當然梁先生能在「文化大革命」剛結束不久的70年代末期，倡導法治，批評人治，並對毛主席的錯誤進行批評，不僅顯示了梁先生「一生心血、全副肝膽」的氣魄，也的確反映出了梁先生對中國社會發展前景的深切洞察力。他在86歲高齡的1978年奮筆大書到：「毛主席逝世兩年後，法制與民主的呼聲漸起，其前途必逐步展開；無疑也。」〔註51〕

綜上，我們可以得出結論說，梁漱溟的法律文化觀是其文化研究中的一個組成部分，在梁氏文化思想體系中，振興中國傳統文化，弘揚儒家學說是其以一貫之的精神，故在梁氏的著作中，論及法律、法治，從整體上說確乎分量不大，也未必都十分明確，更不是從本意上倡導法治之精神，若如此，梁氏便不能以「行動的儒者」而自詡了。但我們又必須看到：梁氏是一位具有獨立思考、善於思辨的學者和哲人，我們在評價其法文化觀的價值時，的確不得不指出梁氏觀察問題的敏銳，及對中國法律特徵的分析具有細緻入微、發前人之所未發的獨到之處。此其一。

其二，梁先生的法文化觀及對法治的評價確有發人深思之處，但同時我們又必須指出，在梁氏的論述中，其理論又存在著深刻的矛盾性。就法治而言，依梁氏的思想體系，它終不能在治理國家中占具重要地位，因為梁氏曾在晚年明確陳詞，今後世界的文化必是儒學之復興，中國文化之昌盛。而儒學無論怎麼說都不是以倡導法治精神為依歸的；另一方面，結合「文化大革命」的慘痛教訓，梁氏從其深切經歷中體悟到，此後國家發展，民族振興，不能靠人治，只能靠法治。因為毛澤東晚年的人治使中國及他本人倍受其害。

〔註50〕梁漱溟：《梁漱溟全集》，第七卷，山東人民出版社1993年版，第458頁。
〔註51〕李淵庭、閻秉華編：《梁漱溟先生年譜》，廣西師範大學出版社1991年版，第265頁。

這是時代給梁氏造成的矛盾。

其三，梁先生晚年對法治的倡導，只是他總結「文化大革命」的教訓所得出來的結論，並不意味著梁氏整個思想體系的變化，但這也從一個方面告訴我們，梁氏的確是一個善於總結歷史、嘎嘎獨造且又十分睿智的人。如今，中國的社會結構正在發生巨大變化，市場經濟體系也在逐步確立，依法治國不僅是時代潮流，且有著更加廣泛而深刻的時代內涵，梁先生雖未能於此得以見焉，但他晚年的預言已證明了他理論的價值，而今天時代的發展及法治的勃興也足以告慰梁先生的在天之靈了。

閱讀與評論

比較・分析・見識——評張中秋
《中西法律文化比較研究》〔註1〕

　　中國傳統法文化與現代法制建設的關係問題，一直是困擾數代仁人志士和知識分子的大課題，更是近年來致力中國法律現代化建設的學人們極為關注的熱門話題。由於中西法文化的研究，不僅涉及到法制史、思想史、文化史，還涉及到法理學、哲學等諸多領域，其所需知識範圍之廣、研究難度之大眾所周知。法學界以及史學界真正能夠深入、系統研究中西法文化的著作一直闕如。南京大學法律系青年學者張中秋的新著——《中西法律文化比較研究》〔註2〕（以下簡稱《研究》）一書，是目前國內第一部系統研究中西法律文化比較的著作。

　　該書名曰「比較研究」，係從法的形成、法的本位、法的文化屬性、法與宗教倫理、法的體系、法的學術、法的精神、法律文化的價值取向八個方面，對中西法文化的特點及差異進行了比較和論析，勾勒出一幅中西法文化諸差異的歷史畫卷。著者集中探討了中西法文化的八種差異及其成因，諸如歷史地理的、文化的、社會結構的、政治經濟關係的，以及諸種因素的綜合等，提出了以下一些有新意的觀點和見解。

　　關於法的形成。著者提出了中國古代法始於部族征戰，而西方古代法始於民族內部的鬥爭及平民與貴族衝突的觀點。在具體論述中，作者針對以往學界只論中西法文化的差異，而未深探其源的缺憾，爬梳先秦史籍，細密考

〔註1〕本文原載於《中國法學》1992 年第 1 期。
〔註2〕張中秋：《中西法律文化比較研究》（第一版），南京大學出版社 1991 年版。

證，以豐富的原始資料，論證了中西法律各自產生的特殊途徑，及其對之後主導價值功能的深遠影響，認為：「部族征戰對中國古代法的影響就像胎兒的胎記一樣持久而深遠。」因為，在部族征戰中，「民族血緣始終是他們聯盟的基礎，因此，部族戰爭基本上是一切不同血緣集團之間的相互殘殺與征服」，「在這種情況下形成的國家和法，絕不是什麼『公共權力』，而是一族一姓實行其合法武力的恰當形式。」法作為鎮壓（主要鎮壓異族）的工具，其表現形式是刑，刑由部族首領或國王權臣發布，它具有不容忽視的軍事獨裁性和血緣排外性。中國法律文化以後走上倫理化、封閉化的道路，當可於此尋求到歷史的源頭。與中國不同，西方的法以商品經濟的充分發展為依託，在民族血緣關係崩潰及平民與貴族的相互鬥爭、妥協中產生。它的主旨在於調整社會內部各階層（特別是平民與貴族）的關係，而不是專門鎮壓異族的暴力工具。如果說，中國人視法為刑、為暴力工具和軍事鎮壓的話，那麼西方人則視法為管理、為權利。它既是自由、平等的保障，又是理性、正義的體現。由於西方法在早期階段就開始擺脫了血緣倫理的束縛，故與中國相比，它具有一定的社會性與開放性。

著者還探討了中西法文化研究中的幾個重要難題：一是從考察部族征戰入手，印證了古人「兵刑同制」的論斷，闡釋了「兵、刑、法」之間的內在聯繫。二是分析了中西法文化走向不同價值軌道的歷史成因，對人們長期以來困惑不解的難題，提出了一家之言。三是對人們如何認識中西法文化的內在差異及其相互之間的互補關係，以借鑒於社會主義法制建設這一重大課題，提供了具有啟發性的論斷和見解。

關於法的體系。著者不囿於以往的結論和研討範圍，進行了有益的探索，對中華法系的結構性和西方法系內驅力進行了分析論證。作者認為，中華法系的結構可從兩個方面來考察。從宏觀上看，它由法的淵源及屬性兩部分構成。從微觀上說，法典的編纂體例由典、卷、門、條來構成。無論從總的方面看，還是從單一的法典體例來考察，中華法系都具有這樣的特點。一是法的淵源上的單一性。律、令、格、式等，儘管名稱不一，但來源和性質並無二致，均是中央集權機關認可的強制性規範。二是法律體系的對內靈活性及對外排斥性。著者不是單線條地分析中華法系走向封閉的成因，而是把它放在政治、經濟、文化、社會結構的歷史大範圍內，結合法系自身的結構體例來加以闡述和論證，言之成理，持之有故。

與中華法系相比，西方法系存在著自我更新的機制，具有開放性的特徵。之所以如此，其原始的驅動力在於以下四個要素：法的二元論；學說；判例；新法對舊法的否定性繼承。他們「像是 4 隻旋轉的車輪載著西方兩大法系不斷向前，又像是 4 部發動機驅使著西方兩大法系不斷更新、發展」。應當說，這的確是中的之論。

關於法的學術。著者在以下兩個問題上提出了自己見解。其一，中國古代只有律學，而無法學。《研究》認為，「律學」與「法學」絕不是一個簡單的名詞之別，也不是一個無關緊要的措詞之爭；而是反映了兩種形態的法律學術不僅僅在外延上（這是次要的），尤其是在內涵上（即質的規定性上）存在著根本的區別。「律學」主要是從文字上、邏輯上對法律條文進行詳細解釋，關注的中心問題是刑罰的寬與嚴，肉刑的存與廢，「律」、「令」等法條的具體運用，以及禮與刑的關係等。法學則是關於正義與非正義的科學。它所探討的重點，首先是法的本質、法的價值、法與自由、法與平等、法與權利、法與民主等。其次，它還關注著法和法律的形式及表達方式、法律規範的分析和系統歸類等程序性問題。離開了正義而展開的上述問題探討，不應稱之為法學。中國古代有無法學，學術界長期以來聚訟不已。《研究》為劃分律學與法學的標準也做了嘗試。儘管這個問題還會在學術界爭論下去，但《研究》的持論作為一家之言頗有特色。

其二，《研究》分析了中國古代法學難以產生的原因。著者認為，法學作為一門重要的學術，其形成和發展需要幾種條件。體現正義的法和法觀念的存在；職業法律工作者和法學家的存在；商品經濟的高度發展；具有民主性的政治背景存在；國家與社會對法律學術的需要和重視等。而中國古代是不存在這樣的條件的。

顯然，《研究》之所以花大力氣探討法的學術，決不是重複律學和法學之爭的老調，而是試圖強調，在當代建設有中國特色的社會主義法制，既應重視對現行法學的研討，又應在馬克思主義的指導下，批判地吸收西方法學的有益營養。

當然，中西法文化的比較研究作為一個大課題，內容的豐富和問題的複雜，遠非本專著所能窮盡。尤其是對中西法文化與現代法制建設的關係問題，更是一個難度大、現實意義強的理論課題。《研究》在對待中國傳統法律文化

與現代法制建設之間有無歷史的銜接點上，沒有明確闡述。這不是本書必須回答的問題，但對讀者來說，卻無疑是一個遺憾。假若法制的現代化不能脫離本民族的傳統，那麼，我們必須詳知在倫理型的歷史法文化中能借鑒到些什麼，評價中西傳統法文化的參照系應是什麼。諸如這類向題，此書若能再做一些深入的分析與研討，那將更有意義。希望在不久的將來，能有新作探討這些有待回答的問題。

西方法律傳統與基督教文明[註1]
——伯爾曼法律思想論析

　　在當代的西方法學界，有這樣一位哲理型的學人，他的思想由對西方法治的深切憂慮和熱情期待兩部分交融而成。在對西方法律傳統形成的歷史把握中，他向人們展現的不是學界通行的歷史圖景，而是超然於群山層巒之中的孤峰雄姿。在他的筆下，西方法律傳統與基督教文明相濡，靈魂在煉獄中的恐懼和希望，又與法律的神聖及人格的高揚同根。這就是哈羅德・伯爾曼[註2]（Harold J・Berman），美國當代著名的社會主義專家、民商法學家及哲人。他給人們的不僅是思想大漠中的悲涼和深邃，還有在深切的歷史了悟中根植於過去及展望未來的智慧和期望。

　　如果說，西方法律文明是一條絢麗多姿的歷史長河，那麼伯爾曼的思想

〔註1〕本文原載於《南京大學法律評論》1995年第1期。本文在寫作過程中曾與郭志祥先生磋商，初稿完成後，又經賀衛方先生看過，他糾正了不少訛誤並提出了一些改進意見，其中有的已被吸收，有的尚在作者思考之中。在此文刊出之際，謹向他們致以深切的謝意！

〔註2〕哈羅德・伯爾曼，1918年生於康涅狄格州，獲得過文學碩士和法學學士學位，並到倫敦大學經濟學院攻讀法律史專業，之後陸續任教於斯坦福大學和哈佛大學，又在前蘇聯科學院國家與法研究所做過訪問學者，還在莫斯科大學擔任過教職。後又任哈佛大學名譽教授、埃莫里大學教授。伯氏對於中國法學界的讀者來說，並不陌生，他已有三本書在中國翻譯出版。一本是他主編的《美國法律講話》（陳若桓譯，三聯書店1988年第一版）；第二本是《法律與宗教》（梁治平譯，三聯書店1991年版）；第三本是它的宏篇巨著《法律與革命》（賀衛方、高鴻鈞、張誌銘、夏勇譯，中國大百科全書出版社1993年版）。該書共14章，70餘萬字，可謂是伯氏的力作。本文的寫作主要得力於此書。

則是這智慧的洪流中一朵閃光跳躍的浪花。浪花或可被岩石擊碎，或可融匯於湍流漩渦之中，但伯爾曼關懷人生的哲人情懷，及「弱水三千吾獨取一瓢飲」的智者風範，足以使其在西方的學界擎起了一塊思想的豐碑。

一、智者的足跡：伯爾曼法律思想的線索

在大多數中國學者的心中，一說起宗教，人們便會想起教科書上的名言，那是毒害人們心靈的精神鴉片。談起西方教會，人們自然也會想起宗教裁判所迫害異教徒的殘酷與野蠻。畢竟，在西方教會史上，許多探索真理的思想家，如布魯諾等，曾經在那燃燒的火刑架上為正義而捐軀。然而，歷史告訴我們，這是事實，但不是歷史的全部。實際上，在西方歷史文明的長河中，宗教以及教會至少還展現出問題的另一面，僅就法治而言，西方法律的神聖與傳統的形成，就曾與基督教和教會結下了不解之緣。對於西方法律傳統與基督教文化的關係，以往的中國學界雖也曾有學者涉及〔註3〕，但終究未能給人以深刻的印象。歷史在這裡留下的似乎只是一片血腥與黑暗。而今，美國當代著名法學家伯爾曼《法律與革命》一書的翻譯出版，不僅糾正了人們對於歷史常識上的種種偏見，而且使我們對基督教文明與西方法律傳統之間的血肉聯繫，有了一個清晰而又深刻的認識。

思想家是寂寞的。伯爾曼的思想，由對西方現代法治危機的深切憂慮與熱情期待兩部分交融而成。〔註4〕他的思想邏輯是這樣展開的：

首先，在伯爾曼看來，法律不單純是制定法及法院判決的規則體系，〔註5〕更不待說是貫徹特定的政治、經濟的社會政策的工具。〔註6〕更重要的是，法律還是人類生活之目的和終極意義的一個組成部分，它關係到人的理性、意志、情感和信念，也關係到人的整個存在。〔註7〕當然，作為一個現實的法

〔註3〕趙復三：《基督教與西方文化》，載《中國社會科學院研究院學報》1987年第4期。另可參看由嶸主編：《外國法制史》第二編《中世紀法律制度》，北京大學出版社1992年版。

〔註4〕（美）哈羅德·J·伯爾曼：《法律與革命》，賀衛方、高鴻鈞、張誌銘、夏勇譯，中國大百科全書出版社1993年版，第13頁。

〔註5〕（美）哈羅德·J·伯爾曼：《法律與革命》，賀衛方、高鴻鈞、張誌銘、夏勇譯，中國大百科全書出版社1993年版，第13頁。

〔註6〕（美）哈羅德·J·伯爾曼：《法律與宗教》，梁治平譯，三聯書店1991年版，第13頁。

〔註7〕（美）哈羅德·J·伯爾曼：《法律與宗教》，梁治平譯，三聯書店1991年版，第40頁。

學家，伯爾曼並非完全否認法律的技術性及其社會功用性。他說，從本質上
講，「法律是複雜而專門性的，以致許多人往往投以不耐煩的眼光，甚至時常
還投以譏誚的眼光。然而法律是任何文明社會的人們最深刻關切的事物之一，
因為它一方面可以抵禦苛政，另一方面又可防止混亂；它是社會藉以維護自
由及秩序，以免受到個人、階級或政府本身專橫干預的主要工具之一。」〔註
8〕但是，與一般流俗不同的是，伯爾曼反對單純從實證主義的理論出發，僅
僅把法律視作功利主義的東西。伯氏認為，若單純視法律為規則，那麼法律
就會僵死，就會變得支離破碎；若僅僅視法律為工具，那也就無法培養人們
對法律的情感，法律就會失去神聖性。法律若不與人類的終極關懷相聯繫，
它就無法凸顯其神聖的價值，從而在歷史的進程中因失去源頭活水而趨於枯
竭。在這裡，伯爾曼既批判了人們於法律問題上的流俗偏見，又從哲學的高
度為人們了悟法律與宗教的關係架起了一座認識論的橋樑。

其次，在伯爾曼看來，西方法律的神聖性源自於法律與宗教的對立統一
關係。二者的對立，使法律得以獨立，成為科學的體系；二者的統一，使宗教
因法律而具有社會性，法律因宗教而獲得神聖性。從人類學的觀點出發，伯
氏認為：「在所有文化裏，法律都具有與宗教共享的四種要素：儀式、傳統、
權威和普遍性。在任何一個社會，這四種要素，就如下面我所要說明的那樣，
都標誌著人類尋求超越人之上的真理的努力。它們因此將任何既定社會的法
律秩序與這個社會對於終極的超驗實體的信仰聯繫在一起。同時，這四種因
素賦予法律價值以神聖性，並且因此而強化了民眾的法律情感：權利與義務
的觀念，公正審判的要求，對適用法律前後矛盾的反感，受平等對待的願望，
忠實於法律及其相關事物的強烈情感，對於非法行為的痛恨，等等。這種對
於任何法律秩序都是必不可少的情感，不可能由純粹的功利主義倫理學中得
到充分的滋養。」〔註9〕這裡伯爾曼並非主張法律與宗教的合一，而是強調他
們之間相互依賴的關係。既是說，法律與宗教既是「人類經驗兩個不同的方
面；但他們各自又都是對方的一個方面。它們一榮俱榮，一損俱損。」〔註10〕

〔註 8〕（美）哈羅德·伯爾曼：《美國法律講話》，陳若恒譯，三聯書店 1988 年版，
　　　　第 1 頁。
〔註 9〕（美）哈羅德·J·伯爾曼：《法律與宗教》，梁治平譯，三聯書店 1991 年版，
　　　　第 95 頁。
〔註10〕（美）哈羅德·J·伯爾曼：《法律與宗教》，梁治平譯，三聯書店 1991 年版，
　　　　第 95 頁。

　　最後，伯爾曼認為，目前他所生活的西方社會，法制在整體上發生了危機。用他的話說：「無論是在理論上還是實踐上，20 世紀的法律都越來越不被看作一個連貫一致的整體、一個體系和一個法令大全了，而越來越被視為一盤大雜燴，一大堆只是由共同的『技術』聯結起來的支離破碎的特殊判決和彼此衝突的規則。」〔註11〕伯爾曼不無憂慮地分析道：「目前的危機更深。它不僅是自 18 世紀已經發展起來的個人主義的危機，或自 17 世紀發展起來的自由主義的危機，或自 16 世紀發展起來的世俗主義的危機；而且也是自 11 世紀後期一直存在至今的整個法律傳統的危機。」〔註12〕西方法律傳統的危機不僅是法哲學的危機，而且是法律本身的危機。這種危機的出現，究其原因有二：一是人們對法律的視野越來越窄；二是人們完全割裂了法律與宗教聯繫的紐帶，忽視了法律的宗教因素，結果導致了人們對法律神聖信仰的普遍喪失。伯爾曼的深刻之處不在於指出了西方法治的危機及其對這種危機所表現出來的深切憂慮，更重要的在於他把克服危機的視野轉向了法律傳統形成的遙遠歷史，在對歷史的重新整合中寄託著伯氏擺脫危機、克服未來之路的障礙從而獲得新生的深情與期待。

　　在伯爾曼看來，歷史不僅僅是記錄，而且同時又是通向未來之路的經驗和智慧。擺脫危機，走向新生的唯一之路在於尋求一個新的歷史視野，只有重新整合過去，才能找到未來的指導路線。對此，他不無深情寫道：「數典忘祖者也不會遠慮他們的後代。」〔註13〕只有調動整個傳統的應變能力，才能克服危機。他說：「我們必須用來渡過完整性危機的一個辦法，是清醒地回顧宗教與法律在西方歷史的不同時期是如何相互作用的，這種作用又是如何使兩者皆勃發出生機。」〔註14〕這裡，他借法國哲學家和生物學家德日進（Teihard de Chardin，1881～1955）的話告訴我們，既然過去已經向我們顯示如何建設未來，那麼我們就「不得不從遙遠歷史的視角，從頭考察西方的法律與法制、

〔註11〕（美）哈羅德·J·伯爾曼：《法律與革命》，賀衛方、高鴻鈞、張誌銘、夏勇譯，中國大百科全書出版社 1993 年版，第 44 頁。

〔註12〕（美）哈羅德·J·伯爾曼：《法律與革命》，賀衛方、高鴻鈞、張誌銘、夏勇譯，中國大百科全書出版社 1993 年版，第 43 頁。

〔註13〕（美）哈羅德·J·伯爾曼：《法律與革命》，賀衛方、高鴻鈞、張誌銘、夏勇譯，中國大百科全書出版社 1993 年版，第 48 頁。

〔註14〕（美）哈羅德·J·伯爾曼：《法律與宗教》，梁治平譯，三聯書店 1991 年版，第 93 頁。

秩序與正義的傳統，以便找到擺脫目前困境的出路。」〔註15〕

對此，伯爾曼以他智者的風範、哲人的情懷、激情的筆墨，向我們展現了一幅 11～13 世紀西方法律傳統與基督教文明交相輝映的歷史圖畫，把我們引向了那充滿萬千氣象的遙遠過去……

二、萬千氣象：伯爾曼筆下的西方法律傳統與基督教文明

當代著名學者馬文·佩里（Marvin Perry）說：「西方文明是古代世界形成的兩種傳統，即猶太—基督教傳統和希臘—羅馬傳統融合的產物。」〔註16〕西方法律作為文明之樹上的果實，它的根須深植於希臘—羅馬文化的理性主義泥土之中，它那圓潤而豐滿的血肉之軀，則在無數個思想大師諸如奧古斯丁、托馬斯·阿奎那的精心培育下，到處散發著基督教文明的芬芳。如果說，古希臘—羅馬文化鑄造了西方法律以自然法為觀照，重視個體尊嚴，關注公民政治自由的理性主義品格的話，那麼，在羅馬帝國的廢墟上成長起來的基督教文明，則在吸收希伯來文化、古希臘文化、古希臘—羅馬文化的基礎上，借助上帝的神學之光，通過基督教會與世俗國家爭奪司法管轄權的激烈鬥爭，及其數個基督教神學家為捍衛教會司法管轄權神聖性所付出的流血犧牲，〔註17〕鑄造了西方法治傳統神聖之上的堅毅個性。在 11 至 13 世紀的悠悠歲月中，教會法學家及其欲通過基督教改造日爾曼法，進而改造整個世俗社會的教會領袖們，一方面用無所不能、無所不在、至善至美的上帝，來反照人世間世俗社會的罪惡，用上帝所體現的理性、正義之光，來反照世俗法律的不足；一方面又從《聖經》、教父學說、希臘哲學、羅馬法律乃至日爾曼習慣法中去尋求解決現實問題，進而確定法律神聖權

〔註15〕（美）哈羅德·J·伯爾曼：《法律與革命》，賀衛方、高鴻鈞、張誌銘、夏勇譯，中國大百科全書出版社 1993 年版，序言 I。

〔註16〕（美）馬文·佩里主編：《西方文明史》，下冊《導言》，商務印書館 1993 年版，第 1 頁。

〔註17〕這方面一個典型的例子是 12 世紀中葉，英格蘭國亨利二世樞密大臣，後任坎特伯雷大主教的托馬斯·貝克特的殉難。伯爾曼寫道：「這是一場由教皇格列高利七世在 1075 年發起的革命，為此，教皇派和皇帝之間進行了約 50 年的血戰，以決雌雄（指爭奪司法管轄權的鬥爭），而大約 100 年後的 1170 年——托馬斯·貝克特殉難，標誌著英格蘭達成最終妥協。」見《法律與革命》，第 58 頁，括號內文字為引者所加。另可參見「貝克特」條，載《簡明不列顛百科全書》第一冊，中國大百科全書出版社 1985 年版，第 625 頁。

威的理論依據。〔註18〕

　　在伯爾曼的筆下，西方法律傳統〔註19〕與基督教文明的關聯是歷史的和文化的。他在《法律與革命》的一開始，便以飽滿的熱情寫道：「講西方法律傳統，旨在以這樣一種法律概念為出發點：法律不是作為一個規則體，而是作為一個過程和一種事業，在這種過程和事業中，規則只有在制度、程序、價值和思想方式的具體關係中才具有意義。」〔註20〕這裡的「過程」是指教會法在11～12世紀的形成，這裡的「事業」是說，在教會法形成的歷史進程

〔註18〕為爭奪教會司法管轄權而殉難的坎特伯雷大主教托馬斯‧貝克特曾引用聖經（《那鴻書》1：9）的話說：「上帝不對同一罪行處罰兩次」，用以反對亨利二世1164年頒布的《克拉倫登憲章》，因為該憲章第3條規定，凡被控有重罪的教士須由王室法院判處。貝克特的秘書索爾茲伯里的約翰為了論證法律的神聖性，則引用《法學彙編》裏的話說：「凡能按法律贈予的人也可以按法律拿走」，見（美）哈羅德‧J‧伯爾曼：《法律與革命》，賀衛方、高鴻鈞、張誌銘、夏勇譯，中國大百科全書出版社1993年版，第314頁。另見（美）喬治‧霍蘭‧薩拜因：《政治學說史》上冊，劉山等譯，商務印書館1986年版，第283頁。中國學者在這方面進行論述的是賀衛方，見他的碩士論文《天主教的婚姻制度和教會法對世俗法的影響》，載《世界宗教研究》，1986年1期。

〔註19〕伯爾曼說：「『西方』（the West）是一種特殊的歷史文化或文明，它的特徵可以從許多不同的方面來概括，這取決於該種概括的目的，它習慣上被稱為『西方文明』，被認為包括繼承古希臘和古羅馬遺產的全部文化。」「西方不是指古希臘、古羅馬和以色列民族，而是轉而指吸收古希臘、古羅馬和希伯來典籍並以會使原作者感到驚異的方式對他們予以改造的西歐諸民族。」對於西方法律傳統，伯爾曼概括為10個方面：（1）在法律制度與其他類型制度之間較為鮮明的區分。（2）與這種鮮明區分相關聯的是以下事實：在西方法律傳統中，法律的施行被委託給一群特別的人們（法律職業者）。（3）法律職業者，無論是在英國或美國那樣具有特色地稱做法律家，還是像在大多數歐洲國家那樣稱做法學家，都在一種具有高級學問的獨立的機構中接受專門的培訓，這種學問被認為是法律學問。（4）培訓法律專家的法律學術機構與法律制度有著複雜的和辯證的關係。（5）在西方法律傳統中，法律被設想為一個連貫的整體。（6）法律實體或體系的概念，其活力取決於對法律不斷發展特徵即它世世代代發展能力的信念，這是一種在西方所獨有的信念。（7）法律的發展被認為具有一種內在邏輯。（8）法律的歷史性與法律具有高於政治權威的至高性這一概念相聯繫。（9）西方法律傳統最突出的特徵可能是在同一社會內部各種司法管轄權和各種法律體系的共存和競爭。（10）西方法律傳統在思想與現實、能動性與穩定性以及超越性與內在性之間存在著緊張關係。以上見（美）哈羅德‧J‧伯爾曼：《法律與革命》，賀衛方、高鴻鈞、張誌銘、夏勇譯，中國大百科全書出版社1993年版，第1～3頁，第9～12頁。

〔註20〕（美）哈羅德‧J‧伯爾曼：《法律與革命》，賀衛方、高鴻鈞、張誌銘、夏勇譯，中國大百科全書出版社1993年版，第13頁。

中，教會與世俗國家都把法律作為立國的基礎，把服從法律作為一種神聖的信念加以推崇。具體說來，對伯爾曼這種思想的把握，可以從以下幾個方面來理解：

1. 西方法律傳統在教皇革命中孕育。這是伯爾曼思想的不同常人之處。伯氏認為，在 11 世紀以前的西歐各民族中，法律不是作為一個獨特的調整體系或一種獨特的思想體系而存在。那時候，「法律極少是成文的。沒有專門的司法制度，沒有職業的法律家階層，也沒有專門的法律著作。法律沒有被自覺地加以系統化，它還沒有從整個社會的母體中『挖掘』出來，而仍然是其一部分。」〔註 21〕11 世紀後期和 12 世紀早期，發生了英國著名法律史學家梅特蘭所稱的「不可思議」的變化，專職法院、立法機構、法律職業、法律著作和「法律科學」，得以在西歐各國紛紛產生，構成了西方的法律傳統。而這種發展的主要動力在於伯爾曼所稱的「教皇革命」，伯氏筆下的「教皇革命」指的是發生在西歐十一世紀七十至八十年代（1073～1085），由教皇格列高利七世領導的與國王亨利四世爭奪管轄權的鬥爭，學界通稱「格列高利改革」，或稱「希爾德布蘭德改革」〔註 22〕（Hildebrand Reform）。改革的中心內容是反對俗界任命神職人員，宣稱教皇及僧侶有高於世俗社會的法律權威。〔註 23〕伯爾曼認為，格列高利七世向亨利四世爭奪「授職權」及提高教皇法律地位的鬥爭是西方法律史上的一次重大事件，諸如「改革」與「授職權之爭」此類

〔註 21〕（美）哈羅德‧J‧伯爾曼：《法律與革命》，賀衛方、高鴻鈞、張誌銘、夏勇譯，中國大百科全書出版社 1993 年版，第 58 頁。

〔註 22〕參見《簡明不列顛百科全書》第 3 冊，中國大百科全書出版社 1985 年版，第 378 頁。格列高利七世（Gregory VII，Saintand Pope，1020～1085.5.25），意大利籍教皇（1073～1085 年在位），原名希爾德布蘭德。改革的主要內容是反對俗界政權任命神職人員，此外他曾修改教會法規。伯爾曼寫道：「正是作為教皇格列高利七世的希爾德布蘭德，在 11 世紀 70 年代把教會改革運動轉向反對皇帝的權威，而這種權威在 10 世紀和 11 世紀早期，曾領導過克呂尼改革者。格列高利比他的前任走得更遠。他宣布：教皇在法律上凌駕於所有基督徒之上；僧侶受教皇統治，但其在法律上凌駕於所有世俗權威之上。」見（美）哈羅德‧J‧伯爾曼：《法律與革命》，賀衛方、高鴻鈞、張誌銘、夏勇譯，中國大百科全書出版社 1993 年版，第 112 頁。

〔註 23〕伯爾曼說：「在 11 世紀最後幾十年裏，教皇黨開始在教會史的記載中尋找法律根據，以支持這樣一種主張，即教皇高於全體僧侶以及僧侶獨立於、而且還可能高於社會的整個世俗部分。」見（美）哈羅德‧J‧伯爾曼：《法律與革命》，賀衛方、高鴻鈞、張誌銘、夏勇譯，中國大百科全書出版社 1993 年版，第 114 頁。

字眼不足以反映這次事件在形成西方法律傳統及法治精神中的決定性意義，非用「革命」二字不能表達或揭示這個事件所蘊涵的深刻的歷史內容。伯爾曼認為「教皇革命」宛如一顆原子彈的爆炸，它在整個基督教社會引起了政治、經濟、文化和智識領域的全面深刻變化。由此深刻的變化引起的法律意義在於以下兩個方面：

第一，革命後，教會內部是一個「依法而治」的世界。其理由是，首先，與其說教會的最高首腦教皇在其內部是依神聖權威而統治，毋寧說他是在依據教會法所賦予他的權力行使著法定的職能。當時的教會如同一個世俗國家，是一個自下而上等級森嚴、結構複雜、職權分明的有機組織。在這個有機體內，自上而下，教皇、樞機主教、大主教、主教、助祭、教士各自依法有著不同的職責和權利。這即是說，教皇在行使權力時，首先受到了教會內部職責劃分的限制。其次，無論是教皇，還是他的下級主教，其獨斷的權力都受到來自理論和實踐兩方面的限制。具體地說，教皇及其主教在行使權力時，不僅在理論上受到神法和自然法兩方面的限制，而且還在實踐上，有著對教皇專制主義予以實質性限制的選舉原則。這樣，伯爾曼說「儘管教會內所有的政府權力都最終集於教皇手中，但是，教皇的專制統治卻受到了處於頂端的官僚體系的職能劃分以及整個教會政府的等級制的、或曰金字塔式的特徵的限制。這種限制自然比不上三權分立和聯邦主義的近代概念，但是它們卻構成了對於專制主義的重要制約，至少培育了教皇在大多數情況下不願意破壞的政府習慣與傳統。一種形式化的、法律上的官僚結構被創造出來，這在日爾曼人的歐洲是一種全新的發明。」〔註24〕

第二，教會與世俗國家爭奪司法管轄權的鬥爭實踐，促進了西方崇尚法治傳統的形成。伯爾曼對「教皇革命」的高度評價蘊含著一個重要的思想邏輯。這就是「教皇革命」使「教會法」的系統化和科學化成為可能，教會法作為西方第一個近代法律體系孕育了西方法律至上的精神，這種孕育作為一種歷史進程深刻地反映在教會與世俗國家爭奪司法管轄權的鬥爭實踐中。這裡的司法管轄權包括兩個方面，一是對人的管轄，二是對事的管轄。以教會司法管轄權而論，對人的管轄包括：神職人員及其隨從和家庭成員、學生、十字軍參加者、不幸的人（包括窮人、寡婦和孤兒），在與基督徒發生糾紛的案

〔註24〕（美）哈羅德·J·伯爾曼：《法律與革命》，賀衛方、高鴻鈞、張誌銘、夏勇譯，中國大百科全書出版社1993年版，第257頁。

件中的猶太人、旅行者（包括商人和水手，當為著他們的和平與安全而必要的時候）六種；對事的管轄包括：聖事的管理、遺囑、有俸聖職（包括教會財產的管理、教會官職的授任以及以什一稅方式徵收的教會稅）、宣誓（包括信仰宣誓）和應受教會指責的罪孽五種。〔註25〕其實，伯爾曼在這裡關注的並不是管轄權的具體內容，而是世俗與教會雙方在管轄權上的相互制約以及雙方在互相衝突中訴諸於法律解決的鬥爭實踐。伯爾曼認為，正是由於雙方的相互制約，才使得西方的法律體系得以形成，進而產生了西方的法治主義傳統。他說：「並行而有限度的管轄權之間的競爭與合作不僅使法律的系統化成為必要和可能，而且也導致了對當時一些最尖銳的政治和道德問題提供法律上的處理方案和處理結果。」〔註26〕在此意義上，「法律至上」作為一種事業，成為僧俗雙方為之奮鬥的崇高目標。伯爾曼說，「11世紀晚期和12世紀教會法律的系統化在所有方面都與教皇革命密切相關」，而「教會是一個Rechtsstaat（法治國），一個以法律為基礎的國家。與此同時，對於教會權威所進行的限制，尤其是來自世俗政治體的限制，以及教會內部尤其是教會政府的特殊結構對於教皇權威的限制，培育出了某種超過法治國意義上依法而治的東西，這些東西更接近後來英國人所稱的『法的統治』（the rule of law）」。〔註27〕若具體一點說，世俗與教雙方在司法管轄權上的相互制何以能產生出西方的「法治」原則？伯爾曼的回答有三：首先，雙方的制約意味著每一個教會團體和世俗團體各自的首腦都應當採用和維護他們自己的法律體系，即，應當經常制定法律，建立司法制度，組織政府部門，並實行普遍的依法而治（rule by law）。其次，相互的制約意味著每一個教會團體和世俗團體各自的首腦都應當受到他們自己制定的法律的約束；雖然他們可以合法地改變法律，但在法律改變前他們必須服從法律——他們必須在法律之下統治（rule under law）。復次，每一種管轄權就其他管轄權的法律也是合法的而言，也都要受到其他管轄權的法律的約束；每一個國家都存在於一個多種管轄權的體系之中，這最後一點的意思強化了其他兩點的含義。如果教會應當具有各種不可侵犯的

〔註25〕（美）哈羅德・J・伯爾曼：《法律與革命》，賀衛方、高鴻鈞、張誌銘、夏勇譯，中國大百科全書出版社1993年版，第268～269頁。
〔註26〕（美）哈羅德・J・伯爾曼：《法律與革命》，賀衛方、高鴻鈞、張誌銘、夏勇譯，中國大百科全書出版社1993年版，第270頁。
〔註27〕（美）哈羅德・J・伯爾曼：《法律與革命》，賀衛方、高鴻鈞、張誌銘、夏勇譯，中國大百科全書出版社1993年版，第259頁。

法律權利，那麼國家就必須把這些權利作為對它自己的最高權力的一種合法限制來接受。同樣，國家的各種權力也構成了對教會最高權力的一種合法限制。兩種權力只有通過對法治（rule of law）的共同承認；承認法律高於他們兩者；才能和平共存。〔註28〕應該說伯爾曼這種深刻而富洞見的結論從一個側面向我們昭示了中世紀基督教文明與西方法律傳統的歷史關係。

2.「沒有對煉獄的恐懼和對最後審判的希望，西方法律傳統就不會存在。」〔註29〕基督教文明與西方法律傳統的相濡以沫，可借用 13 世紀早期寫成的《薩克森明鏡》中的一句話來表達：「上帝即法律本身，故他珍愛法律。」〔註30〕這句神學箴言既反映了西方法治與基督教文化的歷史關聯，也揭示了西方民眾對法治無比推崇的價值根源。

說到這裡，有必要對基督教文化的基本精神及產生的歷史背景作一簡單的描述，因為它是理解上述觀點的必要前提。

著名中世紀史專家 A · 古列維奇說：「在一種文化中沒有什麼東西比計算時間的方法更能清楚地表達這種文化的基本性質了」。〔註31〕基督教誕生前，人們的時間觀念是一種舊有的循環論，它無始無終。史稱：「古希臘對於時間的理解並沒有給『以前』、『以後』以絕對的意義；所有的事情都在畢達哥拉斯的『偉大的年』中重複地敘述」。〔註32〕基督教打破了世界循環理論的時間觀，它認為時間是向前發展的、不可倒轉的。歷史從上帝創造天地萬物始，向最後審判日的到來發展，在這個進程中間有一個決定性的神聖事件，這個事件決定了人類世界進程的方向，並給予它新的意義，它就是基督的到來和死亡。基督教以其全新的時間觀念為憑籍，在向人們昭示著一個深刻的道理：基督耶穌誕生前，時間是循環的，是無質無量的，與此對應的是，人類生活

〔註28〕（美）哈羅德 · J · 伯爾曼：《法律與革命》，賀衛方、高鴻鈞、張誌銘、夏勇譯，中國大百科全書出版社 1993 年版，第 355～356 頁。著重號係本文作者所加。

〔註29〕（美）哈羅德 · J · 伯爾曼：《法律與革命》，賀衛方、高鴻鈞、張誌銘、夏勇譯，中國大百科全書出版社 1993 年版，第 665 頁。

〔註30〕（美）哈羅德 · J · 伯爾曼：《法律與革命》，賀衛方、高鴻鈞、張誌銘、夏勇譯，中國大百科全書出版社 1993 年版，第 628 頁。

〔註31〕（蘇）A · 古列維奇：《中世紀文化範疇》，龐玉潔、李學智譯，龐卓恒校，浙江人民出版社 1992 年版，第 101 頁。

〔註32〕（蘇）A · 古列維奇：《中世紀文化範疇》，龐玉潔、李學智譯，龐卓恒校，浙江人民出版社 1992 年版，第 124 頁。

在一個充滿邪惡、虛偽、痛苦的世界裏，既無幸福可言，更無獲救的可能和希望。耶穌感上帝之靈而降臨人間，這標誌著一個新時代的開端，在這新時代裏，耶穌攜上帝之仁慈而化身為人，十字架上的蒙難雖然使他獻出了鮮血和肉體，但世俗的人類卻由此而獲得了拯救的希望。這段幾近夢囈的神話在當代中國人看來是多麼地荒誕而又離奇，但在西方文明中，它不但從文化層面顯現了基督誕生與人類獲救關係的價值源頭，而且在其神學語言的背後，還隱藏著一段羅馬帝國統治下人們飽受苦難的歷史。

基督教肇始與羅馬帝國後期，此時，社會黑暗，人民生活於水深火熱之中，學者們形容說：「看，道路被匪徒盤據了，海上被海盜封鎖了，到處是戰爭、營房、血腥的恐怖。」〔註33〕「在羅馬國內，窮人遭搜刮，寡婦在呻吟，孤兒被蹂躪。」〔註34〕如果說古希臘—羅馬文化也曾著力關注過公民的人格尊嚴和自由的話，那麼，隨著時代的演變，在羅馬帝國的暴政下「理性與法制亦蕩然無存，自由就更是無蹤無影了。」〔註35〕生活在羅馬帝國裏的人們，既然看不到一丁點的人生希望，遑論人格尊嚴與自由。正是在這樣的歷史背景下，基督教向人們（尤其是生活在社會下層的人們）打出了一面可因信仰而獲救的希望之旗。在這面旗幟的反照下，世俗社會顯得是那樣的邪惡與虛偽。基督教既打破了猶太一族為上帝選民的狹隘傳統，也衝破了以財產多寡和身份等級為標準而確定人格高低的古典文化藩籬。「它強調信奉新教的選民可擴大到一切民族，福音面向萬國民眾、四面八方。」〔註36〕

馬文‧佩里主編的《西方文明史》一書中說，希臘與羅馬思想，僅僅強調個人的智慧和自立，而未能為普通人的情感需要提供什麼，「基督教指出了希臘與羅馬世界觀中的這一弱點。耶穌的個人品格、經歷、死亡、復活、對人類的愛及對遭受苦難的人類的關注，這一切都深深吸引了那些貧窮、處於社會低層的人民和奴隸，基督教不僅傳播廣泛的愛，而且還提出個人的價值不取決於其出身、富有、教育和才智。於是，那些社會低層的人民在基督教這樣的宗教中找到了自己的精神寄託。對那些身受厄運對死亡感到恐懼的人來說，基督教許諾給他們永恆的生命，讓他們進入天國，在那裡他們可以感受

〔註33〕朱龍華：《羅馬文化與古典傳統》，浙江人民出版社1993年版，第387頁。
〔註34〕朱龍華：《羅馬文化與古典傳統》，浙江人民出版社1993年版，第389頁。
〔註35〕朱龍華：《羅馬文化與古典傳統》，浙江人民出版社1993年版，第386頁。
〔註36〕朱龍華：《羅馬文化與古典傳統》，浙江人民出版社1993年版，第395頁。

到上帝和天父的慰藉。由此以來，基督教就為那些普通人提供了希望——羅馬文明中貴族價值觀念所不能提供的東西——希望與個人尊嚴。」〔註37〕

概括來說，基督教文明貢獻給人類世界的，有三點極重要的精神，一是它對人性的高度不信任；二是它所高揚的人格尊嚴及因基督蒙難而給人類帶來的愛與希望；三是它所極力強調的人格意志自由的思想。基督教文化本身是一種罪感文化，它宣稱：人在上帝面前都是有罪的。人的原罪是由人的本性及其所生活的世界的世俗性所決定的。宣揚人類罪孽的沉重反映了基督教文化對人性的高度警惕性，現在的問題是，對於已經習慣與在日常人倫中推究事理的中國人來說，宣稱人普遍具有罪性的基督教文化何以沒有貶低人，反而高揚了人的尊嚴和自由呢？它又是通過什麼途徑和西方法律傳統發生關聯的呢？

基督教神學思想家 R‧尼布爾曾宣稱：基督教儘管主張人的罪性的普遍性，但它卻並未由此而貶低了人，這是因為，按照基督教信仰，人雖是罪人，但也是上帝的孩子，上帝關懷個人的自由和靈魂的得救。所以，正是基督教信仰把個人從政治集團的暴政中解放出來，並使個人有一種信念：籍此個人便能公然藐視強權的命令，使國家試圖將他當作純粹工具的企圖落空。由於每個人在上帝那裡是自由、平等的，基督徒即使在被迫屈從於一種誰也不能完全自由的政治制度時，也堅持個人的獨特價值，拒斥無條件地為國家或強權的政治需要和目的犧牲自由與平等。〔註38〕

基督教給人的希望與尊嚴不是建立在世俗社會的財產、權力、身份等級上，而是通過對「煉獄學說」和「末日審判」的神學闡釋使人倫道德上的平等轉化為法律上的人格平等，從而使人的尊嚴得以高揚。具體說來，有這樣幾點：

（1）人在上帝面前生而有罪的文化觀，從表面上看來似乎是對人格尊嚴的貶抑，但是基督教卻通過「煉獄」〔註39〕的觀念和「末日審判」的解說來

〔註37〕　（美）馬文‧佩里主編：《西方文明史》上冊，商務印書館 1993 年版，第 226頁。

〔註38〕　劉小楓：《走向十字架上的真》，上海三聯書店 1994 年版，第 226～227 頁。

〔註39〕　根據天主教教義，「世人生前犯有未經寬恕的輕罪、或已蒙寬恕的重罪以及各種惡習，其亡靈在升入天堂之前，須先經過淨化，這種淨化的場所稱為煉獄。」見《簡明不列顛百科全書》第五冊，中國大百科全書出版社 1986 年版，第294 頁。

化解了人格的先天缺陷，宏揚了人在上帝面前一律平等的人格尊嚴。「末日審判」意味著上帝是一位正義的法官，作為信仰它告訴人們：在歷史終結之時，上帝將對世界上所有民族、所有的人的靈魂進行審判。不管是富者還是貧者，他們在上帝的審判面前一律平等。伯爾曼說：「在但丁（1265～1321）生動的描繪裏，教皇和皇帝與農奴和土匪們在一起受難。區分人們命運的唯一原則是依據個人罪過的嚴重程度所給予的不同懲罰。」〔註40〕「末日審判」的信仰既是神學的，也是法律的，說它是法律，道理有兩點：首先，人在上帝面前固然有罪，但仁慈的上帝不是罪人以死謝罪，而是通過救贖去洗滌人靈魂上的罪惡，在上帝面前，人的罪孽的普遍性上，人人皆為平等。這種道德上的平等通過「煉獄」中對罪的稱量及「末日審判」的解說轉化為法律上的平等。基督教基於上帝的仁慈而對貧民、寡婦、孤兒的關注和保護賦予了希臘─羅馬文化的平等概念以新的倫理和文化的內容，它是英國衡平法和信託法的歷史價值源頭。其次，在「末日審判」中，上帝不僅是一個仁慈的救世主，他同時還是一個正義的法官，他不僅以寬容、仁慈的眼光注視著世俗社會中宛如約伯的人，並召喚他接受莊嚴的審判，而且他依據法律賞善罰惡，「他要將所有的人分為兩部分：那些曾在人世間對耶穌的饑渴、疾病、衣著、行旅和被監禁時給予照料的人將被給予永生，而那些未做這些事情的人們則要投入『永久的獄火』和『永罰』之中。」〔註41〕伯爾曼說：「相信上帝是一位公正的法官，基督將降臨作為一位法官，這種信仰對於東西方教會的法律價值的發展都起到了重要的作用。」〔註42〕

（2）「違反必須付出代價」的神學信條，通過「煉獄」學說中對人罪孽的具體稱量轉化為法律上刑罰應與違反程度相適應的刑法正義觀，從而為刑法學上刑事責任理論的確立奠定了基礎。按照基督教學說，人在上帝面前雖然有罪，但他卻有著自己的意志自由，他可以為善，也可以為惡，一旦為惡，他便要在上帝面前對自己的行為負責，違法必須付出代價，這首先是一神學信條。約翰·希克說：「基督教思想是把道德上的惡同人類的自由和責任聯繫

〔註40〕（美）哈羅德·J·伯爾曼：《法律與革命》，賀衛方、高鴻鈞、張誌銘、夏勇譯，中國大百科全書出版社1993年版，第207頁。

〔註41〕（美）哈羅德·J·伯爾曼：《法律與革命》，賀衛方、高鴻鈞、張誌銘、夏勇譯，中國大百科全書出版社1993年版，第202頁。

〔註42〕（美）哈羅德·J·伯爾曼：《法律與革命》，賀衛方、高鴻鈞、張誌銘、夏勇譯，中國大百科全書出版社1993年版，第202頁。

起來考慮的。做一個人，就是成為一個有限的自由中心，成為一個要對自身的抉擇負責任的（相對）自由的、自我指導的行動者。這裡的意思是：人要正義地行動，是自由的，要邪惡地行動，也是自由的。」〔註43〕伯爾曼則說：「上帝為了永恆的榮耀而創造了人。這種榮耀要求人坦白地將意志服從上帝。不過，人卻選擇了不服從上帝的做法，並且這種不服從之罪孽通過遺傳而給予了每個人。正義要求或者依據人的罪孽而對他加以懲罰，或者他應該因損害上帝榮耀的行為而進行補償。」〔註44〕如何補償呢？基督徒的原罪可以通過懺悔而得到寬恕，但他們的實際罪孽則必須通過現實或煉獄來救贖。伯爾曼說，在「末日審判」中，儘管一個人在塵世中的一生也必須加以清算，但是這種清算並不必要依據一種精心設計的規則與標準體系來進行；相反，煉獄的觀念卻假設清算需要依據精心設計的規則與標準體系來進行：此時，每個人的罪過都被加以稱量，懲罰便是根據每一樁罪過的嚴重程度而科處的。在這裡，「煉獄」學說反映為一種刑法的正義觀。正義作為西方法律中的一項價值原則在不同的時代有著不同的內涵。在古希臘—羅馬文化里正義意味著「各得其所，不妨害他人，」在近代社會則與理性和人的權利相聯繫。中世紀的正義則表達於一種神學語言，它意味著上帝的公正和威嚴，並借助神學的語言來昭示法律的神聖。伯爾曼說：「正義要求每一項罪孽（犯罪）都要通過有期限的苦難而償付；要求該苦難，亦即該刑罰與罪行相當；要求被違反的特定的法律得到恢復（「復仇」）。」〔註45〕在過去，罪被理解為一種異化狀態，是對人的存在的一種減損；現在，它被認定為法律術語上的具體的錯誤行為、欲望或思想，對此須通過此生或來世的一定時期的苦難予以懲罰。這樣「得出的邏輯的含義便是所有在煉獄中的人事實上都要滌清其罪過；只要償付全部價款，他們便會自動地進入天國。因此人們設想法律的維護必然有一個歡樂的結局。」〔註46〕

   3. 在塵世中建立上帝的王國是基督教改造世界的一種使命，實現這種使

〔註43〕（英）約翰·希克：《宗教哲學》，何光滬譯，三聯書店 1988 年版，第 86 頁。

〔註44〕（美）哈羅德·J·伯爾曼：《法律與革命》，賀衛方、高鴻鈞、張誌銘、夏勇譯，中國大百科全書出版社 1993 年版，第 214～215 頁。

〔註45〕（美）哈羅德·J·伯爾曼：《法律與革命》，賀衛方、高鴻鈞、張誌銘、夏勇譯，中國大百科全書出版社 1993 年版，第 222 頁。

〔註46〕（美）哈羅德·J·伯爾曼：《法律與革命》，賀衛方、高鴻鈞、張誌銘、夏勇譯，中國大百科全書出版社 1993 年版，第 208 頁。

命的途徑靠法律。按照基督教的理論，人類的生活注定要分成兩個部分，一部分是俗人生活於其間的世俗社會，在這個社會裏，人無論如何高貴、富有，其生活的意義都是低下的，因為「在基督徒的心目中，如果一個人拒絕接受上帝和他的啟示，那麼他或她所取得的塵世的成就就是微不足道的。」〔註47〕另一部分則是神和皈依基督的人們生活的神聖之城。人們只有爭取天國的拯救，以上帝為起點，生活才有意義。但有意思的是，基督教的「雙城」（即世俗之城與上帝之城）理論並非意味著上帝的王國可以完全脫離世俗社會而存在，若如此，世俗的歷史將被導向超自然的奇想，基督誕生而帶來的人生新義也將會失去歷史的基礎。「基督教的神話與異教的關於『自然的』神話有顯著的不同，基督教的神話是一種歷史的神話；世俗的歷史不被導向超自然的奇想，而是在一種來自於神聖的成分和世俗的成分融合的特殊的二元模式中鑄造而成。」〔註48〕永恆雖是上帝的一個屬性，但它的根卻深植於世俗世界之中，基督教只是告訴人們，「世俗的時間與永恆有關係，在某些決定性的時刻，人類歷史『打破』時間的限定而進入永恆。基督徒極力要通過世俗時間的淚的深谷，惠蒙上帝選中而進入永享天福的境地。」〔註49〕耶穌作為神—人的結合降臨人間，拯救世人，他兼仁慈與正義於一身，上帝榮耀的光環使他具有無比的神性，萬民在他的面前皆有罪孽；但，與此同時，為拯救人類而獻出鮮血和肉體的蒙難精神又使他具有了可敬可愛的人性。在他的身上集中體現了基督教文化既超越現實又關心現實的典型個性。

與此相映成趣的是，西方的法律傳統與法治精神正是在基督教既超越現實，又立足現實，進而改造世界的歷史進程中得以形成的。從價值的層面上講，基督教試圖在塵世間建立上帝王國改造世界的超越精神，給法律附上了一種積極的因素，加劇了世俗法與神聖法的對立，前者在後者的反照下顯得缺點尤著，亟需改進，二者之間的張力促使了世俗法律的獨立和分化。然而，超然於世俗法之上的神法又並非完全是神學教條，它在11～13世紀的歷史表現為與世俗法的若即若離關係，表現為教會法在與世俗法的鬥爭中技術規則

〔註47〕（美）馬文·佩里主編：《西方文明史》，下冊《導言》，商務印書館1993年版，第12頁。

〔註48〕（蘇）A·古列維奇：《中世紀文化範疇》，龐玉潔、李學智譯，龐卓恒校，浙江人民出版社1992年版，第124頁。

〔註49〕（蘇）A·古列維奇：《中世紀文化範疇》，龐玉潔、李學智譯，龐卓恒校，浙江人民出版社1992年版，第122頁。

的大發展；從歷史的進程言，基督教這種既超越現實又改造世俗社會的精神，表現為教會「通過法律既改革自身，也改造世界。」〔註50〕對世界的改造，展現為「教會（這時首先被看作神職人員）通過法律朝著正義與和平的方向為拯救俗人和改造世界而努力。」〔註51〕具體來說，也就是教會法借助神法的超然性去批判、改造日爾曼法及其後各世俗王國的法律，基督教努力將自己融入人性之中的普世主義精神是西方法制得以不斷改進的價值源頭；對自身的改造，則意味著教會在與世俗王國的歷史鬥爭中，通過教會法學家經院主義式的解釋和闡述，逐漸發展出一套極其精細的教會法規則體系，西方二元論的思維方式雖曾給法律的技術發展提供了價值上的動力，但若沒有教會法與世俗法鬥爭的歷史實踐及其在這種實踐中產生出來的政治方面的需要，法律將會淹沒在神學道德戒律之中。〔註52〕在西方，正是二元論的思維模式及其教會與世俗國王的鬥爭實踐，才使法治既有了神聖性的價值源頭，又不致因對上帝的依附而跌入宗教神學的泥潭。在基督教通過法律的途徑於塵世間建立上帝王國的歷史進程中，法律不僅是人們道德和知識方面的需要，也是社會實踐的政治方面的需要，「法律這株大樹從地上一直長到天上，而全部人類生活就都在它的蔭覆之下，」〔註53〕法律成了人們信仰的精髓。

三、孤峰雄姿：伯爾曼法律思想的超越與啟示

伯爾曼的法律思想是一個博大而又精深的體系，在他影響中國讀者的三本著作裏，有兩本以較大的篇幅集中探討了西方法律與基督教文明之間的歷史關聯。通過對歷史的考察，尤其是對西方11～13世紀的歷史觀察，伯爾曼對法律，抑或是西方法制得出了如下結論：法律部分是階級統治的工具，部分是防止統治階級專斷權力的武器；法律既是因，又是果，既是物質的，又是意識形態的。因為在伯爾曼對歷史的把握中，法律在西方文明的歷史進程中展現了特有的軌跡，它「既是從整個社會的結構和習慣自下而上發展而來，

〔註50〕（美）哈羅德·J·伯爾曼：《法律與革命》，賀衛方、高鴻鈞、張誌銘、夏勇譯，中國大百科全書出版社1993年版，第99頁。

〔註51〕（美）哈羅德·J·伯爾曼：《法律與革命》，賀衛方、高鴻鈞、張誌銘、夏勇譯，中國大百科全書出版社1993年版，第520頁。

〔註52〕這一點可在中國古代「禮法結合」的傳統中得到啟示。

〔註53〕（美）喬治·霍蘭·薩拜因：《政治學說史》上冊，劉山等譯，商務印書館1986年版，第246頁。

又是從社會的統治者們的政策和價值中自上而下移動。」〔註54〕「法律像田地和機器一樣⋯⋯不經操作，田地或機器便毫無意義，而法律恰是關於他們操作的組成部分。」〔註55〕

伯爾曼把這種見解視為是西方法律傳統的特有個性，而產生這種個性的土壤恰恰正是那種具有強烈普世主義精神的基督教文明。正是在這個意義上，他認為「西方法律體系的基本制度、概念和價值都有其 11 和 12 世紀的宗教儀式、聖禮以及學說方面的淵源。」〔註56〕為此，他高度評價教會在西方法律演進中的歷史作用。當然領導教會的教皇及其所發動的革命成為伯爾曼考察西方法律傳統的起點與中心便成為順理成章的事情了。與此同時，在伯爾曼考察西方法律傳統與基督教文明的思想軌跡中，對歷史的深刻洞察力和深長的憂患眼光，必然使這位思想家對現實還有著一種前列的超越意識。這種認識使他提出了超越卡爾・馬克思、超越馬克斯・韋伯的觀點。〔註57〕

該怎樣評價伯爾曼的上述思想呢？換句話說，它的意義何在，又給我們以怎樣的啟發呢？

首先，伯爾曼是位睿智的思想家。他不僅以豐富的歷史知識、練達的手筆為我們展現了一幅氣勢恢弘的法律與文明演進的歷史圖畫，更富有意義的是，他還以同時代的西方學者所不曾有過的敏銳和視角，深刻地揭示了西方法律傳統與基督教文明之間多層面的血肉聯繫，並進而闡述了西方現代社會因分離二者關係所引發的深刻的法制危機。《法律與革命》的宏大篇幅展現了伯爾曼的勃勃英姿；以 11～13 世紀為中心，一展西方法律傳統與基督教文明之間的歷史關係，更加表明了伯爾曼觀察問題、解決問題的獨到之處。

其次，作為一個中國法律史的研究者，捧讀伯氏著作，遊歷西方文明的歷史進程，體味西方法治精神，不覺萬千思緒湧上筆端，現僅敘其大者如下：

第一，中國的法學理論應對現實保持一定距離的理性主義批判精神。伯

〔註54〕　（美）哈羅德・J・伯爾曼：《法律與革命》，賀衛方、高鴻鈞、張誌銘、夏勇譯，中國大百科全書出版社 1993 年版，第 665 頁。

〔註55〕　（美）哈羅德・J・伯爾曼：《法律與革命》，賀衛方、高鴻鈞、張誌銘、夏勇譯，中國大百科全書出版社 1993 年版，第 664 頁。

〔註56〕　（美）哈羅德・J・伯爾曼：《法律與革命》，賀衛方、高鴻鈞、張誌銘、夏勇譯，中國大百科全書出版社 1993 年版，第 200 頁。

〔註57〕　（美）哈羅德・J・伯爾曼：《法律與革命》，賀衛方、高鴻鈞、張誌銘、夏勇譯，中國大百科全書出版社 1993 年版，《法律與革命》，序言、尾論。

爾曼的分析告訴我們，西方「法律高於政治權威」的法治精神得力於基督教文化對人性和世俗政治的高度不信任，它為批判世俗社會提供了價值景觀和傳統，使統治者與被統治者之間的權力制衡有了價值、信念和制度的保障。反觀中國，則呈現出另一種景觀，儒家對人性所持的樂觀主義態度及它所高揚的仁政理想，雖然也在一定程度上反映為對當時社會的批判精神，但歷史所展現出來的卻是「內聖」之花難以開出「外王」之果，處於此間的法律始終不能尋找出一個建立自己品位的支點。新中國成立後，隨著理論上對中外歷史上法制的全面否定，及其一連串政治運動的實踐，法律遂長期成為政治的附庸而無獨立的品格，中國人已經習慣於「法律是統治工具」的思維方式，法學理論更是飄忽於政治風雲的變幻之中。如今，伯爾曼說，法律不僅僅是工具，它還體現為一種價值（一種維護每一個人的自由和尊嚴的價值）、一種事業，一種人類為之奮鬥的理想，這對於久已習慣於從維護政權的角度來考慮法制作用的中國人來說，無疑是一帖清醒的解毒劑。

第二，在現實的中國，應樹立「法律至上」、「法治」事業無比崇高的神聖信念，培育廣大民眾的法律情感，塑造法治得以實現的人文環境。如今，人們常感於現實生活中法制實行之艱難，論者或以為制度之不健全，或以為法律意識之淡漠；實現法制現代化到底以制度為先，或者是以更新觀念為大？這裡，伯爾曼對西方法律傳統之形成的研究也許能夠給我們一些啟發。在伯氏筆下，西方法律傳統的形成在歷史進程中表現為三個方面的結合：一是教會與世俗王國雙方在相互制約中，皆於法律中尋找理論根據且為捍衛法的尊嚴不惜流血犧牲的鬥爭實踐，二是教會法對世俗法的制度滲透，三是法治信仰的樹立。三者相輔相成，互為因果。由此來思考我們的現實，我認為當今的中國，在大力加強社會主義法制建設的同時，應該把重點放在樹立本民族的法治信仰上。法律作為文明的產物，它的品格展現一個民族的文化個性，從此意義上講，中西法律傳統有著質的不同。中國人對於罪感文化的陌生與冷淡，很難在中國人的心目中樹立起一個超越現實的神法偶像，但中國人於古代則有著生死存亡之際則「國家為大，民族為先」的情感，於近代則有著「人民的幸福與自由高於一切」的堅強信念。如果說，西方的仁人志士們能在基督教改造世界的神學信念中去塑造人們的法律信仰的話，那麼，當今的中國知識分子，也應該在本民族法制現代化的歷史進程中，擺脫對中西文化愛與恨的情感因素，努力開拓學習西方法治的新視野，樹立起於本民族的文

化傳統中借鑒歷史的信心，重構傳統法律文化向現代法制轉型的文化基因，搭起傳統與現代融合的橋樑。

當然，伯爾曼的思想並非沒有歷史的侷限，其觀點也並非無可商榷之處，譬如，他對基督教文化影響西方法制的傾心與大量潑墨，既反映了他觀察問題時的歷史深刻性，也同時限制了他的視野，這樣他就忽視了中世紀教會迫害異端破壞法制的事實。由於他對教皇革命於法制上的意義高度推崇，這就使他對古希臘—羅馬文化及其近代「文藝復興」運動中人文主義對西方法律傳統的形成所發揮的巨大作用缺乏應有的評價。尤其是，伯爾曼在考察西方法律時，是以基督教思想為支柱的，這與我們中國人的思想方法相去甚遠，在我們已經習慣於以歷史唯物主義方法去解說各種理論的中國人眼中，伯爾曼筆下的基督教文明之光大有使人頭暈目眩之歎謂了。

但學術的意義在於探索和求索，科學哲學家的代表人物波普爾有言：「我們是真理的探求者，但不是真理的佔有者。」〔註58〕就此而言，伯爾曼於西方法律傳統形成上的獨到見解和深刻的歷史洞察力，已經鑄造了他思想上的輝煌！

〔註58〕韓震：《西方歷史哲學導論》，山東人民出版社 1992 年版，第 502 頁。

大洋彼岸的探索〔註1〕——評《美國學者論中國法律傳統》

　　1994 年 6 月，中國政法大學出版社出版了《美國學者論中國法律傳統》（以下簡稱《傳統》）一書。〔註2〕該書由中美學者分工合作編纂，共收入文章十二篇，全由近二十年來活躍在美國學術科研機構的美國學者寫就。

　　我一向認為，對中國法律史乃至中國傳統法文化的研究，好的識見必須建立在這樣的基礎之上：一方面以尊重的態度對待中國的歷史。當然，這裡所說的尊重只意味著理解，並不意味著盲目推崇。只有在尊重的基礎上，批判才不失膚淺；一方面對中國的史料，包括古典文獻及考古、甲骨文、青銅器銘文等，須有一個勾沉索隱、精耕細作的工夫。否則，只能對歷史發生誤

〔註1〕本文原載於《南京大學法律評論》1995 年第 2 期。發表時以筆名「陳文」署之。

〔註2〕（美）高道蘊、高鴻鈞、賀衛方：《美國學者論中國法律傳統》，中國政法大學出版社 1994 年版。以下為行文的方便，簡稱《傳統》。由於專業的相近及對書籍的同共嗜好，我常去本書的編者之一賀衛方君處閒聊。衛方君善文、嗜酒，情之所至，尚能賦詩，不以名利為念，但求學術日進。常云「文人莫辭酒，詩人命如花」，乃戲言耳，詼諧中不乏執著，號曰「三一居士」。某天，說到宋代司馬光與王安石就「阿雲之獄」爭論為何持久。我說，此事似不應單從二人政治觀點上的分歧著眼，可從價值的衝突及宋代法學的發展上立論。衛方告之說，他正在與美國學者高道蘊及中國社會科學院法學研究所的高鴻鈞先生編纂一書，名之為《美國學者論中國法律傳統》，其中，所收藍得彰《宋元法學中的活法》一文，正是於此處立論的。我急索校對稿讀之，閱畢其言，多有合吾心之處，旋不揣淺陋，陳一孔之見，幸得其認可、採納。及至該書出版，衛方君贈我樣書一本，藍底紅面，一片清新。置之案頭，眼讀之、心領之、神會之，能不有所感悟乎？

會，或「仰之彌高」，或「視若敝履」。值得欣慰的是，《傳統》一書的作者恰好是以理解和尊重的態度，在耐心爬梳史料的基礎上來研究中國法制史的。故其觀點清新甘雅，讀來如品春茗，愉悅心脾；〔註3〕其立意高遠，品之如飲醇釀，濃烈淳香，其意綿綿；〔註4〕其行文峰迴路轉，只有耐心咀嚼，才能領其美景，得其甘甜。〔註5〕

　　學術的品格及價值在於，史料上能盡其詳，方法上有其新，觀點上能衝破傳統的巢臼，給人以啟迪，且持之有故，言之成理，不因獵奇而之於怪誕。通觀《傳統》一書，甚合此意。為了說明上述不謬，特奉數例以為申說。

　　第一，先說美國學者的態度。有兩點足以說明，收入本文集的論文作者對中國文化所共同懷有的理解、尊重態度。首先，高道蘊在導言中開章明義地指出：西方對中國法的評價一向是不一致的。影響現代西方學界對中國法研究的因素有許多，其重要者如，社會學家馬克斯·韋伯的影響。韋氏將儒家意識形態與中國世襲國家的專橫特徵緊密地聯繫在一起，認為以儒家學說為核心的中國古代法不含有向近代法制轉化的歷史基因。韋氏的結論影響了西方一代學人，著名者如費正清、昂格爾等，此其一。其二，是對中國文化，即對其研究對象的不理解。故她得出結論說，對中國法的研究及中西雙方的交流，最重要的是互相理解。只有以尊重的態度去對待中國法律制度，才能

〔註3〕（美）高道蘊：《美國學者論中國法律傳統》導言，中國政法大學出版社 1994 年版，第 1～14 頁；（美）衛周安：《清代中期法律文化中的政治和超自然現象》，載《美國學者論中國法律傳統》，中國政法大學出版社 1994 年版，第 391～415 頁；（美）歐中坦：《千方百計上京城：清朝的京控》，載《美國學者論中國法律傳統》，中國政法大學出版社 1994 年版，第 472～507 頁。（美）藍得彰：《宋元法學中的「活法」》，載《美國學者論中國法律傳統》，中國政法大學出版社 1994 年版，第 302～349 頁。

〔註4〕（美）高道蘊：《美國學者論中國法律傳統》導言，中國政法大學出版社 1994 年版，第 1～14 頁；（美）衛周安：《清代中期法律文化中的政治和超自然現象》，載《美國學者論中國法律傳統》，中國政法大學出版社 1994 年版，第 391～415 頁；（美）歐中坦：《千方百計上京城：清朝的京控》，載《美國學者論中國法律傳統》，中國政法大學出版社 1994 年版，第 472～507 頁。（美）藍得彰：《宋元法學中的「活法」》，載《美國學者論中國法律傳統》，中國政法大學出版社 1994 年版，第 302～349 頁。

〔註5〕（美）安守廉：《不可思議的西方？昂格爾運用與誤用中國歷史的含義》，載《美國學者論中國法律傳統》，中國政法大學出版社 1994 年版，第 37～83 頁；（美）瓊斯：《大清律例研究》，載《美國學者論中國法律傳統》，中國政法大學出版社 1994 年版，第 353～390 頁。

排除困擾西方同行們的心理干擾。〔註6〕這種觀點在安守廉的論文中，也得到明確的體現。〔註7〕其次，就《傳統》一書收入文章的作者署名來看，除瓊斯一人之外，其餘19人，乍看起來總以為是美籍華人，其實不然，他們全是清一色的美國學者，這些由作者本人自起的詼諧的漢語名字，既表明了他們對中國歷史的深切關懷，也同時表現了作為漢學家對中國文化的理解深度。古人說，見微知著，知往察來。僅就此細節，就打消了以往西方學者研究中國法律史常給人們的印象：隔靴搔癢，不著邊際。

第二，是美國學者對中國史料的運用及方法論上的創新。就對史料的重視和運用而言，可以說美國學者是十分嚴謹而又細緻。他們的研究無空泛之嫌，有詳實之風。如安守廉（William P. Alford），作為哈佛大學的法學教授、著名漢學家，他的作品和名字，我們已在《比較法研究》及梁治平編的《法律的文化解釋》一書中多次看到。就《傳統》一書所收他的這篇全面檢討昂格爾有關中國法律傳統的論述的文章看，他不但擅長運用中國古代文獻〔註8〕，還對版本的真偽有相當的鑒賞力，〔註9〕至於他對引文注釋的認真、對當今考古學、人類學、語言學知識材料的運用，乃至他不遺餘力搜索當代中國臺灣學者、西方學者有關材料的精神。我們只要翻閱一下他論文下密密麻麻的注釋，方可理解他何以有此能力和氣魄敢於對昂格爾的理論進行全面的批評。

當然，這樣的特點不侷限於安守廉一人，我們在此書的其他作者中皆可發現，如愛德華、歐中坦對清代檔案的運用，瓊斯對《大清律例》的熟悉及對各種版本價值的比較，包括對臺灣版本的瞭解，〔註10〕都使我們對這些大洋彼岸的作者懷有深深的敬意。

若就方法論而言，該書的作者雖未專門談此問題，但我們可以從文章的字

〔註6〕（美）高道蘊：《美國學者論中國法律傳統》導言，中國政法大學出版社1994年版，第1～14頁。

〔註7〕（美）安守廉：《不可思議的西方？昂格爾運用與誤用中國歷史的含義》，載《美國學者論中國法律傳統》，中國政法大學出版社1994年版，第37～83頁。

〔註8〕如安守廉對「四書五經」的熟練運用。參見（美）安守廉：《不可思議的西方？昂格爾運用與誤用中國歷史的含義》，載《美國學者論中國法律傳統》，中國政法大學出版社1994年版，第45頁注14、第47頁注17等。

〔註9〕（美）高道蘊、高鴻鈞、賀衛方：《美國學者論中國法律傳統》，中國政法大學出版社1994年版，第47頁注17。

〔註10〕（美）高道蘊、高鴻鈞、賀衛方：《美國學者論中國法律傳統》，中國政法大學出版社1994年版，第353～354頁注1、注2、注3。

裏行間中看出一個基本的問題：那就是生活於西方文化背景下的這批漢學家，他們大都遵循著解釋學奠基人施拉依馬赫（1768～1838）「走出自我，進入他人內心世界」的思想原則，站在理解、尊重中國文化的立場上，以對史料的悉心考訂為基礎，自覺運用人文科學的研究方法，來解讀中國法律史料，得出了不少讓人耳目一新的結論，如公元前 3 世紀和 2 世紀法家以及折衷派的著述提出了法治的兩個基本方面，即法律的明確性和刑罰的確定性。這些思想可用作當代中國建設法治國家的基礎；〔註11〕「《刑統賦》是由一位從事法律事務的官吏作給其他判決法律案件的人看的。這類作品的出現表明，在宋代中國存在著法律專家，在這個時代裏，人們將法律作為治理國家的重要因素」；〔註12〕「與西方的成見相反，中國古代很重視程序的完整性」〔註13〕，等等。

固然我們不能說，這些結論都因方法論而得來，因為方法論不能代替史料。但對中國學者來說，對法律史的研究，無論如何不能不對西方學者的方法論予以格外關注。個中原因，部分是中國法律史學界中大部分學者還對此十分陌生，部分是方法論不應該單單從功能主義，以及手段、方式此類的語言角度去理解。方法論還直接關涉到研究者的價值觀及認識論，這一點對中國學者在漢語語言的背景裏，顯得尤為重要。在同一背景下，面對著同一史料，同一的研究對象，因方法論的不同，會得出不同的結論。

下文就人文科學方法論的特徵，與歷史唯物主義方法論的差異，該方法給予我們的啟示三個方面，結合《傳統》一書作者就方法論的具體運用，略為申說，以證其義。

其一，人文科學方法論的特徵。一般說來，無論是中國學界，或是西方學界，對人文科學的認識並沒有形成一個統一的標準。依據《簡明不列顛百科全書》的定義，人文科學又稱作「人文學科」（Humanities），它是關於人類價值和精神表現的人文主義的科學。該詞條對人文科學的歷史沿革、分類標準，與自然科學的區別等問題作了詳盡的說明。〔註14〕現在的問題是，人文

〔註11〕（美）高道蘊、高鴻鈞、賀衛方：《美國學者論中國法律傳統》，中國政法大學出版社 1994 年版，第 10 頁。

〔註12〕（美）高道蘊、高鴻鈞、賀衛方：《美國學者論中國法律傳統》，中國政法大學出版社 1994 年版，第 11 頁。

〔註13〕（美）高道蘊、高鴻鈞、賀衛方：《美國學者論中國法律傳統》，中國政法大學出版社 1994 年版，第 10 頁。

〔註14〕《簡明不列顛百科全書》第 6 冊，中國大百科全書出版社 1986 年版，第 760～761 頁。

科學有哪些特徵，我們何以用為一種方法去研究呢？

先試以特徵言之。19世紀以來，人文學科作為獨立的知識領域，與自然科學相對立。德國哲學首先提出人文學科的一般理論。W. 狄爾泰稱此學科為人本科學，而 H. 李凱爾特則把人文學科稱為文化科學。李凱爾特認為，它與自然科學的主要區別是方法：自然科學是「抽象」的，目的是得到一般規律，人文研究是「具體的」，它關心個別和獨特的價值觀。相反，狄爾泰認為自然科學和人文科學的區別是主題：人文科學研究包含人的活動，這是與自然現象的根本區別；自然的實體可以從外部得出解釋，但人類不僅是自然的一部分，而且是自己的文化、動機和選擇的產物，因此，在這些方面就要求一種完全不同的分析和解釋。

20世紀人文科學進一步發展，概言之，其特徵是：（1）它是相對自然科學而言的。自然科學強調對世界的說明，人文科學強調對人的理解；（2）解釋學是人文科學的基石，而解釋是一門藝術，用解釋學之父狄爾泰的話來說，「解釋學是關於理解的藝術的科學」；（3）它對以研究對象為基礎的史料，採取極為認真負責的態式；（4）它非常注重各學科的交叉滲透及綜合運用。如果我們以法律史研究為例的話，人類學、考古學、語言學、社會學、經濟學等，皆可作為法律研究的「它山之石」。《傳統》一書中，安守廉、高道蘊、郭錦等作者的文章，可以說是這一特徵的典型說明。他們對中國法律史的研究與我們國內的大陸學者不同，很少受意識形態的影響，更沒有社會發展五階段理論的概念。他們不是簡單地對材料加以堆砌、填充，然後得出一個結論，而是將研究主題置於考古、哲學、人類學、語言學的廣闊背景之中，條分縷析、層層推理，最後凸現出所論主題的必然性。讀來讓人信服，思之讓人回味。以本書中「法律與宗教：略論中國早期法律之性質及其法律概念」一文的作者郭錦為例，她不僅對西周青銅器銘文頗有造詣，而且她在論證自己的觀點時，主要是以中國史料為基礎，運用人類學及語言學的方法，置「法律與宗教」這個主題於廣闊的歷史文化背景之中，對青銅器銘文重新進行解讀，從而得出西周法律介於宗教與非宗教之間的結論。〔註15〕僅就結論而言，作者的觀點或許並不新鮮，因為中國大陸的教科書及專著中早就有人指出過，

〔註15〕 （美）郭錦：《法律與宗教：略論中國早期法律之性質及其法律概念》，載（美）高道蘊、高鴻鈞、賀衛方：《美國學者論中國法律傳統》，中國政法大學出版社1994年版，第106～107頁。

西周的法律仍受神權思想的影響，但由於「德」的思想被引進到法律制度中，故它開闢了中國法制由神走向人倫道德的坦途，我本人就持此種觀點。郭錦在方法論研究方面的意義在於：她在邏輯推論與運用語言學及文化學的解說中，賦「告」字以新意，糾正了過去人們常視「告」為訟之意的誤解。郭錦說，對「告」這個字，中國學界一般闡釋為三種意義：其一，訟也。這是最通行的解釋。其二，告乃「祭祀」。其三，告為「報告」。但有的學者以為「告」的第二個用法已在商代失去了原有的含義。最後，她得出結論說：或許有些學者以為「告」字用在法律訴訟過程中不一定有什麼重要的意義。但是，她以為正是因為「告」字帶有很強的宗教色彩，所以當「告」字被用在一般人通常以為不含宗教意味的法律訴訟中時，其特定的含義及宗教作用恰好被表明出來了，而「告」在西周法律中佔有重要的地位。〔註16〕

在人文科學諸領域中，無論是哲學、語言學，抑或是歷史學、考古學、法學等，關懷人類的價值和精神是其共有的特徵。僅此而言，還未足以揭示人文科學方法論的確切含義，因為它還只是表明了人文主義者在各個領域中所共有的立場與價值觀念。

其一，方法論問題。方法論的意義在於：在人文主義者看來，對人類價值及精神的關懷不僅僅是立場問題，它還有一個如何關心的技術問題。既然，在大多數人文主義者看來，解釋學是人文科學的基石，也是最為基本的方法，那麼人文科學的方法論問題也就是解釋學的方法論問題，我正是在此意義上視人文科學為一種方法論的。

其二，解釋學在西方有著悠久的歷史，雖然這個詞語是17世紀由希臘語所創造的一個新詞，但他的語淵可以追溯到古希臘的神話時期。中世紀時，對《聖經》的解釋是基督教會把握上帝旨意進而傳達給世俗社會眾生的主要途徑。18世紀時，即巴赫（Johann Jacoh Rumbach）、赫拉德尼烏斯（Johann Martin Chladenius）馬丁·路德宗教改革思想的影響下，對解釋學的原則和方法作了明確的規定，他們強調對人類精神理解的複雜性及其通過理性認識來把握人類歷史。18世紀後，解釋學原則開始被應用到神學以外如文學、法學等領域。19～20世紀，解釋學獲得長足發展，成為人文科學的基本方法。其

〔註16〕 （美）郭錦：《法律與宗教：略論中國早期法律之性質及其法律觀念》，載（美）高道蘊、高鴻鈞、賀衛方：《美國學者論中國法律傳統》，中國政法大學出版社1994年版，第85～110頁。

中，施拉依馬赫與狄爾泰二人在學界享有盛譽，被稱為「解釋學奠基人」與
「解釋學之父」。〔註 17〕20 世紀後，解釋學的殿軍人物海德格爾、伽德默爾
與貝蒂及赫施展開了激烈的論戰，前者站在本體論的高度論述「存在」的意
義，對人生充滿了憂慮及悲憤，後者從解釋學的原則、要素、類型、機能諸方
面對人類這個文本世界加以闡述，為解釋學的發展做出了極大的貢獻。雖然
解釋學是本體論還是方法論的爭論至今尚無結果，以後也還會爭論下去，但
不可否認的是，正是在這種爭論中，解釋學的基本概念（如文本、解釋、說
明、解釋循環、類型、範型、前判斷、前理解等）、原則（如貝蒂提出的自律
性原則、意義的整體性原則、理解的現實性原則、意味相等與調和性原則）、
機能（如純粹認識的機能、描寫的機能、規範的機能）、類型、要素等一套系
統的理論才得以形成。〔註 18〕解釋學作為方法論，它把人文世界視作一個文
本，在對這個文本的研究中，它強調理解的重要性、解釋的藝術性、解釋過
程的辯證性，其中關於解釋的方法及解釋規則的理論，對人文科學有著重要
的指導意義。

其三，與我們的方法論之差異。目前，在中國大陸的法律史學界、學術
研究中最常用的方法是歷史唯物主義和辯證唯物主義。當然，此亦可稱為是
一種立場，因為方法和立場在研究中並沒有天然的鴻溝。以這種方法來研究
中國的法律史，同樣強調史料的重要及對歷史的尊重，它與人文科學的研究
方法有哪些差別呢？

首先，觀察問題的角度不同。我們在研究中，多是以階級分析的方法和
經濟基礎的不同將從古至今的社會劃分為五種社會形態，即原始社會、奴
隸制社會、封建社會、半殖民地半封建社會（資本主義的變異形態）、社會
主義社會。這種方法與其說強調尊重歷史，毋寧說是在意識形態的指導下，
對歷史事件或某種思想、某項制度所作的階級分析。與此不同的是，人文科
學的方法則在歷史的研究中，把歷史視為一個有意義的文本，而欲顯示其
意義，則必須用解釋來理解，作為一門藝術的解釋是有規則的。它把解釋者
的氣質、思想與道德水準放在首要位置，要求與文本作者盡可能一致，然
後，它要求解釋者摒棄正確理解的障礙，這些障礙是：自以為是的態度，對

〔註 17〕梁慧星：《民法解釋學》，中國政法大學出版社 1995 年版，第 108～117 頁。
〔註 18〕梁慧星：《民法解釋學》，中國政法大學出版社 1995 年版，第 117～132、137
　　　　～147 頁。

其他文化缺乏興趣以及思想和道德上的偏狹和懶惰。故人文科學的研究方法在強調對歷史的理解時，與意識形態無涉，它關注的重點是如何運用解釋的藝術來顯示歷史文本的意義。其次，致知方式不同。在歷史研究中，人文科學方法論強調對文本的討論，應從解釋學的方法論入手，與文本聯繫最為密切的語言應成為分析、理解、解釋、呈現基本歷史事件、某種具體制度意義的開端，狄爾泰稱歷史研究就像閱讀，靠解釋來理解意義。從分析語言開始，通過方法論的探討，經過認識論的層次，最終達到理解的本體論，故人文科學的研究方法，特別注重語言學在歷史研究中的運用，這在《傳統》一書中亦可得到證實，郭錦、安守廉的文章是為例證。中國大陸學者在歷史研究中，多從分析某些歷史事件（或某項制度、某種思潮）背景的經濟因素入手，強調生產方式所起的決定性作用，它關注的是問題的實質或反映了哪些階級的利益。

其四，人文科學方法論給我們的啟示。古人說，「它山之石，可以攻玉」。我以為，在對中國法律傳統的研究中，固不能說我們的研究方法已經陳舊，也不能說我們的研究方法一定要被他人的研究方法所取代。但在當今的學界，多數學者對國外尤其是西方的方法論、研究風格還比較陌生，我們在研究中所使用的語言、行文風格、思維方式都給人以沉悶或千篇一律之感。在此種情況下，我寧可視人文科學的研究為一種方法論，且應對此予以高度重視並給予積極的評價。平心而論，《傳統》一書的作者使用的人文科學的研究方法，也確實給我們不少啟發，概言之，有如下幾點：

（1）以史料為基礎的各學科的綜合運用，給我們帶來了西方學界當前在學術研究中所經常使用的語言概念，如解釋、理解、說明、類型、範式、解讀、語言學、人類學、語言修辭、功能修辭等（見郭錦、安守廉、高道蘊的文章）。這就為我們的學術研究提供了新的信息，也為我們進一步與美國學界同道開展學術交流奠定了基礎。

（2）人文科學的研究方法是一種開放式的思維方式。這表現在它十分注重從其他學科中吸取營養，人類學、考古學、語言學更是其對歷史文本闡釋的基礎；同時，它時常提醒研究者，在對歷史文本闡釋時，應對自我進行反思，歷史文本顯現的意義常新，而研究者永遠不能達到絕對的客觀。「探索真理而不是聲稱戰勝了真理」，是這種方法所體現的價值意義之所在。也許這一點對我們大陸學者猶為重要。因為我們習慣於用某種意識形態作標準來居高

臨下地評價別人，或用貼標籤的方式議論其唯物或唯心，從而確定一種理論的進步與落後。

（3）美國學者在研究中所表現出的向權威挑戰的勇氣，以及權威對挑戰者的寬容和友好態度也給我們留下了深刻的印象。這從《傳統》收錄的第一篇文章中可以看出。昂格爾是《現代社會中的法律》一書的作者，據說他的理論成為美國學界的權威，安守廉敢於向他挑戰，確實需要勇氣，他歡迎挑戰也確實體現了碩儒博學之士的曠達。[註19] 當然，這種勇氣與寬容精神都以遵守學術規則和極高的學術素養為基礎的，這一點似乎更應該引起我們的深思。

第三，美國學者對材料的廣搜博集及方法論上的更新，必然使很多觀點不同於傳統而有所突破，即便是論題中涉及的材料仍為人所常見，但由於方法論的不同，也仍能得出富有啟發的結論。本人由於受研究興趣的制約，故於閱讀中對皮文睿、高道蘊及藍得彰諸位的學術觀念感受頗深。[註20]

皮文睿認為，儒家法學不是自然法，而是一種「均衡論法理學」[註21]。他的論證方法是：先提出自然法的基礎，[註22] 概括說來有三：（1）自然法有一個終極的價值源頭；（2）自然法以自然法則為基礎；（3）自然法的第三種類型試圖為法與法律義務提供一種理性的基礎。[註23] 然後，指出西方學

〔註19〕 參見（美）高道蘊、高鴻鈞、賀衛方：《美國學者論中國法律傳統》，中國政法大學出版社 1994 年版，第 37 頁注釋。

〔註20〕（美）皮文睿：《儒家法學：超越自然法》，載（美）高道蘊、高鴻鈞、賀衛方：《美國學者論中國法律傳統》，中國政法大學出版社 1994 年版，第 118～153 頁；（美）高道蘊：《中國早期的法治思想？》，載（美）高道蘊、高鴻鈞、賀衛方：《美國學者論中國法律傳統》，中國政法大學出版社 1994 年版，第 212～254 頁；（美）藍得彰：《宋元法學中的「活法」》，載（美）高道蘊、高鴻鈞、賀衛方：《美國學者論中國法律傳統》，中國政法大學出版社 1994 年版，第 302～349 頁。

〔註21〕（美）皮文睿：《儒家法學：超越自然法》，載（美）高道蘊、高鴻鈞、賀衛方：《美國學者論中國法律傳統》，中國政法大學出版社 1994 年版，第 119 頁。

〔註22〕（美）皮文睿：《儒家法學：超越自然法》，載（美）高道蘊、高鴻鈞、賀衛方：《美國學者論中國法律傳統》，中國政法大學出版社 1994 年版，第 119～124 頁。

〔註23〕（美）皮文睿：《儒家法學：超越自然法》，載（美）高道蘊、高鴻鈞、賀衛方：《美國學者論中國法律傳統》，中國政法大學出版社 1994 年版，第 119～124 頁。

者之所以視儒家法學為自然法的原因，即「他們認為儒家法的基礎是普遍性的倫理準則」；〔註24〕再分別指出孔子、孟子、荀子三人學說皆不符合自然法的準則。故，最後的結論為，儒家法學非自然法，而是均衡論法理學。

這個結論的前半部分並不新鮮，因為國內大陸學者梁治平、俞榮根均持此論。〔註25〕而「均衡論法理學」觀點的提出，其意義不在於這個詞於大陸學界首見，他給人的啟發在於以下幾點：其一，對中國法律史的研究，可以借用經濟學的觀點來考察。均衡論本來自於經濟學，它強調運用從效率和功利之類的實際的考慮到直覺乃至現行的習慣和政治結構之類的情勢方面的考慮等等理由來證明自己的觀點（第122頁）。〔註26〕其二，儒家的「禮並非體現宇宙秩序的永恆之法，而是隨時間和環境變化而變化的行為規範。」。〔註27〕「它需要由聖賢和其他人在特定情境中予以體現」；〔註28〕其三，儒家思想與自然法相比，前者既缺乏後者所具有的那種強烈的保護個人利益不受大多數人共同利益和國家權力侵犯的人權傳統，同時也缺乏後者所具有的那種對純屬個人隱私權利的熱情關照。換句話說，儒家化國家在力圖促進社會的人道與和諧時，往往會家長式地侵入在西方人看來全然屬於個人隱私權的生活領域。〔註29〕

我一向認為，中國的法律傳統，說到底是重倫理、尚功用，是一種實踐

〔註24〕（美）皮文睿：《儒家法學：超越自然法》，載（美）高道蘊、高鴻鈞、賀衛方：《美國學者論中國法律傳統》，中國政法大學出版社1994年版，第130頁。

〔註25〕梁治平：《尋求自然秩序中的和諧——中國傳統法律文化研究》，上海人民出版社1991年版，第306～332頁；俞榮根：《儒家法思想通論》，廣西人民出版社1992年版，第41～61頁。

〔註26〕（美）皮文睿：《儒家法學：超越自然法》，載（美）高道蘊、高鴻鈞、賀衛方：《美國學者論中國法律傳統》，中國政法大學出版社1994年版，第122頁。

〔註27〕（美）皮文睿：《儒家法學：超越自然法》，載（美）高道蘊、高鴻鈞、賀衛方：《美國學者論中國法律傳統》，中國政法大學出版社1994年版，第130頁。

〔註28〕（美）皮文睿：《儒家法學：超越自然法》，載（美）高道蘊、高鴻鈞、賀衛方：《美國學者論中國法律傳統》，中國政法大學出版社1994年版，第136頁。

〔註29〕（美）皮文睿：《儒家法學：超越自然法》，載（美）高道蘊、高鴻鈞、賀衛方：《美國學者論中國法律傳統》，中國政法大學出版社1994年版，第152～153頁。

理性的文化形態。但說其具有倫理性的特色，並不難論證，若要說其功用性，則在以往的史料中，很難因傳統的研究方法敘述清楚，沒想到這個問題被大洋彼岸的西方學者解破了，怎不令人擊節讚歎。

當然，說儒家法學是自然法，或曰不是，無疑都涉及到中西兩大文明，悠久的歷史沉澱及深厚的文化積累決定了這種爭論還將繼續下去，但皮文睿以「均衡論法理學」的觀點解說中國法律傳統的實用精神，確實給人以新的啟發。

皮文睿的觀點在《傳統》一書中並非是孤掌之鳴。藍得彰對宋元法學的研究，則從法律在社會實踐中如何運作的深層角度，進一步證實了儒家法學「依情而變」（具體的事實）的功用性特徵〔註30〕。通過宋代神宗年間司馬光與王安石因「阿雲之獄」而引發的爭論及對《刑統賦》的分析，藍氏得出了如下的結論：在宋代中國存在著法律專家，王安石與司馬光的爭論是法律價值觀和方法論上的衝突。〔註31〕

若將這種觀點置於宋代社會的大背景下考察，再將它與日本學者宮崎市定的觀點加以對比，我們會得出更多的啟發。兩宋之時，中古田制結束，租佃制普遍確立，土地私有制的深入發展使社會經濟關係十分繁雜，經濟繁雜客觀上要求法律調整，統治者倡導法律教育，士大夫對於法律知識十分嫻熟。有宋一代立法不斷地修正合乎理但不合於禮的條款，以至出現了明顯違反儒「禮」之精神的法律規定。宮崎市定將此歸結為是個人主義開始抬頭，是嶄新的近世理念。〔註32〕以此觀之，藍得彰的結論未嘗不可引申為：宋代的法律專家，就是那些飽讀詩書具有強烈的人文主義批判精神的士大夫，著名者如王安石、司馬光、蘇軾、劉後村、胡穎等。荊公與君實之爭，未必不是宋代法律發達的一種曲折反映，不作如此觀，宋代法制的輝煌倒成了不可理解的事了。

〔註30〕（美）藍得彰：《宋元法學中的「活法」》，載（美）高道蘊、高鴻鈞、賀衛方：《美國學者論中國法律傳統》，中國政法大學出版社1994年版，第312～326頁。

〔註31〕（美）藍得彰：《宋元法學中的「活法」》，載（美）高道蘊、高鴻鈞、賀衛方：《美國學者論中國法律傳統》，中國政法大學出版社1994年版，第348～349頁。

〔註32〕（日）宮崎市定：《宋元時代的法制和審判機構》，載劉俊文：《日本學者研究中國史論著選譯》（第八卷），姚榮濤，徐世虹譯，中華書局1992年版，第253頁。

　　由此，我想到了中國古代有無法學的爭論，若把藍得彰、安守廉、高道蘊〔註33〕的觀點聯繫起來思考，我縱然不能說，中國古代法學的存在已在鑿偷的鄰壁之光的觀照下清晰可見，但至少也可以使鬱積於我心頭的那股沉悶得到了緩解與安慰。

　　以上所論，並非說《傳統》一書的觀點我全都贊成，對史料的運用一無紕漏，翻譯的語言全都無懈可擊。首先，就文中的觀點說，馬伯良先生認為，中國古代法非常重視程序的完整性。〔註34〕我以為這種說法頗值得商榷。在中國儒家倫理道德的影響下，既不可能產生出「程序優先於權利」的英國式的法律格言，也無制定程序法的事實，至少清末變法修律前不曾有一部程序法的出現，就是在新中國也是在建國三十年後才制定出訴訟法典。再如，藍得彰先生的「中國法律一般不追究罪犯的心理狀態」的觀點。〔註35〕也多少與中國古代法制的歷史不合。眾所周知，西周的法律早就十分注意到區別犯罪人的心理狀態，故有「眚」與「非眚」的區分，秦律中「端」與「不端」是確定行為人刑事責任大小的重要因素，三國兩晉時的張斐更是把故意與過失區分的既合理又清楚，他說，知而犯者謂之故；意以為然，謂之失，不意誤犯謂之過失。

　　其次，至於材料運用時的訛誤，譯者已在按中有所匡正。〔註36〕這裡我再就注釋的體例問題順便指出兩點：（1）在宋代文獻的使用上，學術界對李春《續資治通鑒長編》的引文注釋，要麼全引，要麼簡略為《長編》，這是約定俗成的習慣，而馬伯良的文章全以《續長編》為略語，易使人徒生疑念。（2）《長編》為編年體史書，卷數浩帙，故學人引用材料，必在卷後注明皇帝年號及月曰，以便查對，如《長編》卷214，熙寧三年八月癸未。現美國學者

〔註33〕高道蘊明確提出，他不贊成梁治平視中國古代法為刑罰工具的觀點。他認為，秦漢時期的思想家們已提出法治理論的兩個基本方面，即法律的明確性與刑罰的確定性，這些思想可用作當代中國建設法制的基礎。參見（美）高道蘊、高鴻鈞、賀衛方：《美國學者論中國法律傳統》，中國政法大學出版社1994年版，第10頁、第214～216，224～226頁。

〔註34〕（美）高道蘊、高鴻鈞、賀衛方：《美國學者論中國法律傳統》，中國政法大學出版社1994年版，第10頁。

〔註35〕（美）藍得彰：《宋元法學中的「活法」》，載（美）高道蘊、高鴻鈞、賀衛方：《美國學者論中國法律傳統》，中國政法大學出版社1994年版，第313頁。

〔註36〕參見（美）高道蘊、高鴻鈞、賀衛方：《美國學者論中國法律傳統》，中國政法大學出版社1994年版，第292頁譯者按，第311頁注31～33，譯者所加按語。

注釋引文一律不採此例，編者也照錄不加調整，這使大陸中國學者在引用核實此類材料時將有大為不便之感。

復次，至於譯文的通達及名詞，尤其是官署及官職名稱，是否切合歷史實際，似乎也有可商之處。如第 272 頁最後一行，至 273 頁的第一行。這個句子的譯文是「法律及所適用的原則是繼承了唐代所用者或是把它們忽略了？」，其中「所用者」為何意，使人不知所云。再如第 292 頁第一段第 7、8 行，「比如淳化時期（990～995 年）對司法部、最高法院」。這時似應譯為刑部（或審刑院）和大理寺方合宋代實際。

學者孫楷第先生說：「著作之固難，品人之著作，其事亦不易。蓋非學力與著書者等，則無由知其得失；非修養與著書者等，則無由知其甘苦；非識見與著說者相去不甚遠，則無由知其旨意也。」《傳統》一書，之所以值得一讀，其成功賴作者、譯者、編者及責任編輯合作相得益彰之力，其編者之一賀衛方先生嘗與我言：學術上的長進有待於誠摯嚴肅的批評。遵其雅意，現以一建議、一勘誤表呈上，還望納之。

建議是，希望編得能像中華書局出版《日本學者研究中國史論著選譯》那樣，文章之後，附一作者小傳。另最好注明文章發表日期，據此，我們方可發現作者研究問題的深度及引用資料的學識。

附：《美國學者論中國法律傳統》勘誤表

頁　數	段	行	誤	正
292	2	1	曹成梧	柴成務
339	4	3	制知詔	知制誥
432	2	倒 6	唐熙	康熙
232	1	3	秋審	秋季
242	1	倒 6	賈宜	賈誼

新時代下的新思考：張晉藩先生對中國司法文明史的探索與貢獻〔註1〕

一、範式與方法的轉變：從《中國法制通史》（十卷本）到《中華法制文明史》（兩卷本）再到《中國古代司法文明史》（四卷本）

　　眾所周知，張晉藩先生是新中國法史學科的開拓者和奠基人，他主編的《中國法制通史》（十卷本）是法史學領域的扛鼎之作。近年來，張先生的學術思考呈現出一個理論範式的轉換，即將思考的重心由具體法律制度轉移到法制文明、司法文明上來，代表作是 2012 年張先生獨著的《中華法制文明史》兩卷本以及最近出版的張先生主編的《中國古代司法文明史》四卷本。

　　把法律中的秩序和正義落實到司法活動中，是司法文明的本質要求，落實得越到位，文明程度就越高，司法文明史就是落實法律秩序與正義的歷史。張先生以「司法文明」為切入點，重新梳理中華傳統法文化，這對於今人思考中國司法如何落實秩序與正義將提供重要的法理資源和法史智慧。

二、善法與良吏並重：中國古代司法文明的重要經驗

　　在張先生所指出的傳統司法文明經驗之中，有一點特別值得我們注意，即善法與良吏並重以實現司法的功能。孟子說，「徒善不足以為政，徒法不足以自行」。荀子說，「有治人，無治法」，「法者，治之端也；君子者，治之源也」。宋代王安石也說，「立善法於天下，則天下治；立善法於一國，則一國治」，又說「守天下之法者吏也，吏不良，則有法而莫守」。這一類的議論在歷

史上非常多，其核心意思歸結為一點：只有善法或只有良吏都是不夠的，唯有善法與良吏並重，才能實現公正司法的功能。換言之，在中國古代司法文明的語境下，善法與良吏之間是相輔相成的關係，而且從根本上講良吏比善法更重要。這一點對於當下的司法體制建設有著重要的啟示。

三、法與人：把握中國古代司法文明與政治文明、文化精神的緊密關係

對於傳統中國的國家治理來說，法與人各自扮演怎樣的角色呢？要說明這一點，必須從中國古代司法文明與政治文明、文化精神的關係來思考。

首先，中國古代司法文明是中國古代政治文明的重要支撐。自古以來，無論是在中央六部職能中還是在地方官日常事務中，聽訟斷獄、司法解紛始終是治國理政的一個重要組成部分。司法活動的公正與否、效果好壞直接影響到政治秩序的治亂興衰。漢代的張釋之、于定國，唐朝的徐有功、狄仁傑，宋代的包拯、宋慈等等，都是以公正司法的清官形象名重當時、垂範後世，他們都成為其所在時代政通人和、文明昌盛的象徵。

第二，政治文明是中國古代司法文明的根本保障。在中國古代，正由於司法只是治國理政的一個重要組成部分，故而司法文明的推進也有賴於政治文明對於治理秩序的維繫和保障。證之國史，政治秩序的崩壞普遍導致司法的混亂，而司法清明則往往出現在政治穩定的時期。張釋之、于定國、徐有功、狄仁傑、包拯、宋慈等人無一不是出現在政局穩定的時期。這反過來也說明，清官想要發揮公正司法的作用，也有賴於政治文明本身的保障。

第三，傳統文化的道德精神是中國古代司法文明的根脈所在。法律在中國古代社會治理中從來不是唯一的手段，也不是最重要的手段；政治法律的根本原理在於以德禮指導政刑，而實現王道的關鍵也在於德禮政刑、綜合為治。正是基於這樣的文化秩序，中國古代司法強調在司法中貫徹儒家的道德倫理原則，而不死守法律本身的規定。傳統司法文明之所以呈現為這種特徵，從根本上是因為傳統文化對於「人」的認識不同於西方文化：西方文化將「人」視作具有理性認知和計算能力的、自私自利的主體，而中國文化則將「人」視作與「天」、與自然秩序相統一的、具有道德自覺和倫理使命的主體。傳統司法文明背後的道德精神，乃是中國之為中國的本質所在，值得今人予以正視和尊重，並在此基礎上進行創造性轉化。

探賾索隱，盡顯中華法理之妙〔註1〕——
讀黃源盛著《漢唐法制與儒家傳統》

一、緣起：對中華法理的共同關注

　　庚子年四月十一（2020 年 5 月 3 日）早上，國內新冠肺炎疫情雖穩定下來，但並未結束。我像往常一樣清晨 5 點起床散步，7 點 50 分突然接到臺北黃教授仲夫（源盛）先生之消息。先生說廣西師範大學出版社欲推出他的《漢唐法制與儒家傳統》一書簡體中文版，〔註2〕並囑我寫一序言。先生慈祥溫厚的語言，雖平實卻也懇切。

　　先生於海峽兩岸學界素負盛名，不僅以文章與專著享譽學林，其關愛後學、為人謙讓的品德，也早在大陸諸高校傳為佳話。這部以先生早年碩士論文為基礎，後經反覆修訂增益的大作，早在 2009 年 3 月即由海峽對岸的「元照公司」發行，〔註3〕我也在華中科技大學法學院 2010 年春舉辦的學術研討會上，由先生親筆題簽獲贈大著。今日飲譽大陸學林的廣西師範大學出版社擬出簡體中文版，不僅是先生學望之所必然，也是大陸學界又一可喜可賀之舉。〔註4〕臺灣地區的「元照版」固然已於大陸學界流佈，但對於喜愛先生之

〔註1〕本文原載於《法治現代化研究》2020 年 04 期。
〔註2〕參見黃源盛：《漢唐法制與儒家傳統》，廣西師範大學出版社 2020 年版。下引該書簡稱《傳統》。
〔註3〕參見黃源盛：《漢唐法制與儒家傳統》，元照出版有限公司 2009 年版。
〔註4〕該社曾出版黃先生著作，參見黃源盛：《中國法史導論》，廣西師範大學出版社 2014 年版。書評可參見李啟成：《行深融豁，過渡津梁——黃源盛教授著〈中國法史導論〉讀後》，載《政法論壇》2013 年第 3 期。

文字與思想的全國讀者來說，從臺灣地區購書終究殊為不易。

今囑余作序，雖是先生的厚愛與信任，然而這個巨大的榮譽於我也是一份壓力與鞭策。好在余之學力雖難以完成重託，思忖之下又覺得胸中有種為先生撰文的強烈衝動。循此作文，竟一發而不可收拾，與其稱為序言，毋寧視作讀先生書、思先生人之際反求諸己的思想共鳴，當然亦可目為書序之「長編」。引起我強烈共鳴的是先生對中華法理的探賾與發明。就我個人而言，我在上個世紀五十年代出生於黃河中下游一個名叫「腰屯」〔註5〕的豫東偏僻小村，故常自號「豫東農夫」。及冠投筆從戎，1979年復員近一年後考取吉大法律系，碩博研究中法史。

近年來，我重點致力於從宋代史料與歷史文獻中，研討古典中華法理，尋求中國人過日子的規則與邏輯。〔註6〕但求以學理體察生活，於生活中體悟學理，深覺學理崇理性，生活富感知。這般的學理思考與因緣交錯，竟與先生大作的主題不競而合，即「傳統源自經典，經典彰顯法理」。

一個立志問道、終身向學、熱愛生活，關心時代與文明命運的中國法律史學者，既視學術為生命，必慨然以史為自任，讀經研史，彰顯中華民族之智慧，揭示古典中國之法理。〔註7〕余以為，先生其人其書正以此為宗旨。

宗旨既明，當問先生以何思、何解、何種方法與理論，撰此宏文大著。欲回答此種設問，自然免不得要回到《傳統》一書的內容中去。然《傳統》一書的篇章結構，早在網絡平臺廣為流傳，毋需我於此處聒舌。我的粗淺體會是，欲讀先生此一大作，含菁咀華，恐非先瞭解先生之治學方法論不可。而先生的治學方法論不僅於《傳統》一書體現，而且隱含於先生數十年來的中法史教學與研究中。

〔註5〕吾村以「屯」命名，顯然受元朝影響。周邊還有「常湖洞」等鄰村，也是明證。

〔註6〕參見陳景良：《尋求中國人「過日子」的邏輯》，載《人民日報》2016年10月20日。

〔註7〕我所敬慕的臺灣地區法史學者高明士先生、柳立言先生等，近年論著也頗見此旨，參見高明士：《中國中古禮律綜論續編——禮教與法制》，臺灣地區元照出版有限公司2020年版；法律史研究室主編：《中華法理的產生、應用與轉變——刑法志、婚外情、生命刑》，歷史語言研究所2020年印行；柳立言主編：《史料與法史學》，歷史語言研究所2016年印行。另見陳俊強主編：《中國歷史文化新論——高明士教授八秩嵩壽文集》，元華文創股份有限公司2020年版。

單就作序而言，揭示先生方法論之特質，當然以《傳統》之書為主，但為了準確地理解「黃氏方法論」，則必然要溢出此書之範圍，而旁及先生之其他作品。這是因為，一個學者的學術研究歷程與風格是無法截然分開的。

二、黃氏之問：治道、法意、規範

學者著書立說，文章發表，乃至學術演講，必先預設理論以發問，此為問題意識，或叫「問題的提出」。這既是學術準則，也是學者讀書治學所養成的思維方式。

所謂「黃氏之問」，就《傳統》一書而言，在這部由上下兩編組成的宏篇巨著中，不僅每篇專論的開頭都有「問題的提出」，而且先生還就全書的整體脈絡與宗旨，特設導言以引領關心此問題的讀者。而導言之設問，往往就是專題文章的主題線索，文章後面的結論自然也是對所提問題的必然回應。這是《傳統》一書的特色，也是黃氏著書立說的方式。若以學理的角度思之，在黃氏所思所問中，什麼是中華法理的核心要素呢？縱覽全書，我以為黃先生之問，就中華法理而言，大致為三個要素：治道、法意與規範（涵括法條與司法實踐）。那麼，何謂《傳統》一書中的治道、規範與法意呢？

竊以為，治道，即國家社會治理之原理。立法、司法、制度之運行，風俗之畫一，皆守其旨而循其要，謂之千年不易之理。這便是華夏民族法律與文化變與不變中的「恆常」與「底色」。法意，作為法典律條和司法實踐的靈魂，乃為法律的「無形之象」。依柏拉圖之認識論，世間萬物無不是由「有形」與「無形」之兩要素構成。理念為「無形之象」，現實乃「有形之象」。床椅板凳如此，法典律條也如此。規範的載體於華夏吾族，則為法典與法條，適之於社會，則為司法。司法必有物質場所與服飾形象。官府衙門，刑具鞭杖，盡顯物質實態，此謂「有形之象」。治道守恆，千年不易，統率法意與規範。法意雖為無形之物，但卻在治道之下，而在規範之上，規範體現法意（亦有隱與顯之區分），法意統率規範。治道居二者之上，化為制度規範、風俗道德，如水銀瀉地，遍布於世間，而齊民化俗。

就《傳統》一書而言，先生之設問，內容或漢或唐，文字或典雅或平實，方法或史或法，或科際融合。但依我看來，其對中華法理的探賾索隱，既在對「春秋決獄」與《唐律》的解讀之中，更在對華夏之治道的分析、體悟與同情之內。那麼，究竟何謂「道」？《傳統》一書中，「道常」與治道相關，而

治道與法意、規範之間的內在聯繫是什麼，先生又是怎樣解說的呢？

先說「道」。道之本意原為路徑和方向，但若依層次劃分，則從哲學方面言，道家把道視為宇宙萬物之本源，即《道德經》第 42 章載老子所謂「道生一，一生二，二生三，三生萬物」，可見道是抽象的無形之物，實在之物與有形之物雖蘊含道之理，但不是道本身。先秦儒家則從人倫道德入手，視道為仁愛之理。故《論語・里仁》載孔子曰：「吾道一以貫之」，並載曾子曰：「夫子之道，忠恕而已矣」。在這裡，道並不複雜，只不過是孔子所倡導的一種人生道德與法則。自漢儒至宋儒，儒家道之論說漸收陰陽五行之學說，經過朱子的改造，在《太極圖說解》中，「太極」成為道的代名詞，〔註8〕由此充分吸納陰陽五行理論並與《易》之《繫辭》相結合，把道與天、地、人相聯繫，成為宇宙萬物之道理，人生之準則。此即《周易・說卦傳》所謂「昔者聖人之作《易》也，將以順性命之理：是以立天之道，曰陰與陽；立地之道，曰柔與剛；立人之道，曰仁與義」。荀子隆禮重法，開漢代禮律合治之先河。他講的道，從維持社會倫理與秩序出發，便是歷史中的道，統類中的道，這種道便是「三本之說」，即《荀子・禮論》所謂「天地者，生之本也；先祖者，類之本也；君師者，治之本也」。這樣的道，不同於古希臘哲學中意在強調遵循客觀事物的普遍法則與規律的「邏格斯」。以儒家核心價值觀念為主流的中國文化，道之本在於尊君師、行仁義。國家之治理，社會秩序之穩定，必家國相通、「忠孝一體」。人有三本，就是講治理國家與社會，必須遵三本之說，敬天地先祖、忠君孝父、以民為本。這是治國之原理，文化之底色。至於手段，則是隆禮重法、禮律合治。荀子之學說，上承孔孟，下啟董朱，為兩千餘年華夏民族之大政。近代西學東漸時，荀子之道與學說，被譚嗣同等人目為兩千年來之「鄉愿」。〔註9〕鄉愿與否，暫且不說。但在那個「救亡圖存」與「變法圖強」的時代大潮中，一旦被視為鄉愿，荀子學說便成為變革的祭旗。

事過百年之後，在 21 世紀出版的《傳統》一書中，作者自然不會像 19 世

〔註8〕朱子《太極圖說解》載：「無極而太極，太極動而生陽，動極而靜，靜而生陰，靜極復動，一動一靜，互為其根，分陰分陽，兩儀立焉」。參見（宋）朱熹：《太極圖說解》，載《朱子全書》第 13 冊，上海古籍出版社、安徽教育出版社 2002 年版，第 72 頁。

〔註9〕譚嗣同在《仁學》中指出：「兩千年來之政，秦政也，皆大盜也；兩千年來之學，荀學也，皆鄉愿也。唯大盜利用鄉愿，鄉愿工媚大盜。」參見譚嗣同：《仁學》，第二十九，遼寧人民出版社 1994 年版，第 70 頁。

紀末 20 世紀初的先賢們那樣衝動與狂熱，而是多了一份冷靜與平實。對儒家學說與「治道」，雖然不再過分尊崇，但至少充滿同情與理解。具體來說，在《傳統》一書中，不論先生是以犀利之筆鋒設問，還是以古雅之文字議論；不論是學理縝密的上編，還是中西貫通的下編，都是在史料豐贍基礎上的精緻運思與妙筆生花，貫通的主線則是以治道統率法意與規範，於規範解釋中彰顯法意。這裡先說《傳統》一書中的三大設問，後面再揭示《傳統》一書的法理內涵及其中西古今之異同。因為設問是打開古典中華法理門窗的密鑰，也是理解《傳統》一書的關鍵。

這三大設問便是，首先，中國自公元前 221 年建立統一的中央集權制王朝以來，自秦至清上下兩千餘年，除秦不到二十年的短暫統治外，歷代王朝皆奉儒家思想為正統，這數千年綿延不絕的歷代君主之治道為何？其次，法意為律典之精神，為法之「無形之象」，它與治道關係如何，又是怎樣滲透於律典與規範之間的？最後，歷代律典固然奉儒家經義為圭臬，自難避免於重倫常、尚等差的禮治觀念，但法律作為規範，畢竟具有其客觀性與普遍性。

等差之法意與齊一之規範如何在司法實踐中協調，在法無明條時，飽讀詩經大義、通曉史事律條的碩儒大德與深諳人間情事、治理經驗豐富的法官能吏們，是如何在複雜疑難的案件中，尋找法律規範大前提，確定案件事實小前提，從而導出法意範圍內之結論的？從漢儒之「春秋決獄」，到《唐律》之「輕重相舉」，再到從宋至清上千年的司法實踐，儒家道德話語是否只有空洞的說教而無依法判決之實？古典中華法理在突出人倫道德時，是否仍有與現代法理相通之處？此三大設問，非先生大作之原話，而是我在先生著作基礎上的歸納與提煉。但通讀《傳統》一書，自忖仍是先生字裏行間設問申說之原義。

三、從知識到智慧：中華法理的古今之異

智慧離不開知識，但知識並不等於智慧。先生在學術演講與著文立說中，曾多次用「從知識到智慧」的標題，以啟迪受眾。譬如，先生講「刑法中的倫常條款」，自然涉及到人性。〔註10〕然人性為何？狼乎？羊乎？理性乎？仁義乎？古今中西，歷史學家、文學家、法學家、思想家，無不在自己的著作中預

〔註10〕 參見黃源盛：《傳統與當代之間的倫常條款——以「殺尊親屬罪」為例》，載《華東政法大學學報》2010 年第 4 期。

設人性。其實，人性之認識，不過是一種理論預設，終無一定的答案，更無統一的標準。因為人性植根於歷史與社會中，肉體所欲雖為人性之屬，但並非人性之全部。人是自然的人、肉體的人，更是一個社會中的人、文化中的人、歷史中的人、社會關係中的人。人之善惡，只能在社會與歷史中展示，無法在實驗室裏重複檢驗。

雖如此，軸心時代的思想家對人性為何的理論預設，固因文明形態的差異有所不同，但這種預設並非沒有意義。古希臘思想家即認為，宇宙的中心是人，而理性則是人的中心。換言之，人的本質屬性是理性。人是理性的動物，他的天職是參與城邦政治事物，此即為希臘先哲格言。就中國而言，漫步在黃河岸邊的中國先賢與齊魯大地上的思想家們，幾乎異口同聲地說，人之所為人，在於人知仁、義、禮、智、信，人性本善。不同的理論預設奠定了不同質文化的文明形態，中西各異，古今殊別。以孔孟荀的人性預設為基礎的思想論說與對社會人生、宇宙萬物的觀察分析，在吸納了各派理論之後，形成了華夏民族的經典與魂魄，這便是「十三經」及其注疏。

中國人的知識以此為基礎，中國人的智慧也在此基礎上昇華。智慧以知識為基礎，但卻不囿於知識的拘束，源於知識卻高於知識。在西方，古希臘哲人認為，智慧是用話語（邏輯）說出真理。但在中國，人守規矩即為本分，人從心之所欲而不逾矩才是智者，智者就是有智慧的人。中國文化，治道既尊儒家，那麼治理國家的法典精神自然扎根於儒家人倫日用之常。就漢唐而言，前者有儒家「引經折獄」，後者有以禮之精神為準則，「得古今之平」的《唐律》。《唐律疏議·名例》謂「德禮為政教之本，刑罰為政教之用，猶昏曉陽秋，相須而成者也」。此即古典中國法律之法意，也是中華法理異於不同質法律文明形態的最大特徵。就「法理」一詞而言，若溯其源頭，最早在班固的《漢書·宣帝紀》中已得見，只不過其中的「文學、法理並用」，重點指稱的是通經曉律的官員。由漢至唐再到宋，法理意味著法的道理之義愈來愈明。我以為，今日所謂法理，就是指法的共同原理。不同人文類型的法文明形態，有著不同的法理。

在中國古代，法的原理源自中國文化的共通性及其思想經典對人之屬性的理論預設，即人性通道、學達性天。這裡必須申明的是，儒家經典中的「道」，並非道家所講的「道法自然」之道，而是融合宇宙、天地、人生三者的有機統

一。概括言之，中國古人認為，萬物的原理為道，道之屬性是德，德之條目（即內容）為仁、義、禮、智、信。法之原理的內涵，是指法之正當性的依據是什麼。在中國人看來，法之正當性的最高依據是儒家經義，在漢代表現為「春秋決獄」，在唐代體現為「一準乎禮」。社會生活與司法審判的終極標準，是合乎儒家的人倫道德，即人倫日用之常，這便是中國人的天理，也是老百姓過日子的規則與邏輯。〔註11〕

在《傳統》一書中，先生在上下兩編的專論中，既濃墨重彩，又條分縷析地告訴了讀者這樣一個道理：在漢唐乃至整個中國古代社會，法與禮（或曰律與禮）共同構成了法的基本結構，這個結構的正當性源自於儒家的道德原理。把此道德原理落實到歷代司法實踐上，都要求案件的審理與裁判者，以平恕之心對待案情，援情入法，情法允協，透過情理（事實與同情心）達到天理、國法與人情的平衡。法之價值的最高範疇是追求社會的和諧，並引導人們向善，這就是古典中國法的基礎原理，也是它不同於西方法文明的最大歷史特徵。然而，我們還必須看到，中華法文明誕生在一個成文法傳統歷史悠久的國家。自戰國李悝在諸國立法的基礎上，「撰次」第一部初具規模的成文法典《法經》以來，自秦至清，歷代王朝皆有一部通行於全國的法典。〔註12〕成文法典的傳統從另一個方面傳遞著一個中華法系的歷史特質，這就是儒家話語下的古典中國法，仍然強調法律的客觀性、穩定性、統一性。

早在戰國時期，《韓非子·王盤篇》就主張「法莫如一而固」。法家主張法是客觀公正的規則，如同尺寸、繩墨、規矩、衡石、斗斛、角量，〔註13〕而具有等齊畫一的公正作用。漢之後，儒法合流的歷代法典，尤其是唐律，則從立法精神與原則上，規定法官斷案必須引用律、令、格、式正文，違者笞三十。〔註14〕自漢至唐，雖無現代意義上的「罪刑法定」原則，但卻有著此

〔註11〕宋代司法中的實踐運用，可參見陳景良、王天一：《典賣與倚當：宋代法律的邏輯與生活原理——以會要體文獻為中心》，載《法律科學》2018年第3期。

〔註12〕元朝有無通行於全國的成文法典，學界有著不同看法，算是一個例外。

〔註13〕《管子·七法》載：「尺寸也、繩墨也、規矩也、衡石也、斗斛也、角量也、謂之法。」參見黎翔鳳校注：《管子校注》卷第二，七法第六，第1冊，中華書局2004年版，第106頁。

〔註14〕《唐律疏議·斷獄》規定：「諸斷罪皆須具引律、令、格、式正文，違者笞三十。」參見（唐）長孫無忌等：《唐律疏議》卷三十，劉俊文點校，法律出版社1999年版，第561頁。

種價值取向，強調法官不能任意引用皇帝敕旨斷案。〔註15〕也就是說，在禮尚等差的古代中國社會，立法與司法仍在追求著法的公平正義。只不過此種公平與正義是一種等差基礎上的公平。等者則等，不等者不等，等中有不等；等與不等，既相對而又在流變中。〔註16〕

唐律中的此類精神，既反映在「斷罪無正條」「本條別有制」等原則中，也體現在整部法典字裏行間。禮法原則下的「恰到好處」的正義與等差基礎上儒家式的公平，從另一個方面表徵著中華法理的智慧，雖不能說完全與現代法治精神一致，但至少告訴我們，古今中國之法理仍有著可以反思與溝通的地方。

看一看唐之後流傳廣泛的包公戲及南宋士大夫代表真德秀（西山）對法尚公平的論述，就能知道，在中國的歷史進程與老百姓的心目中，人們對法為公平正義代表的嚮往一點也不比現代人差。其實理想的公平落實於現實社會，古固不易，於今亦難。但追求公平正義，古今法律都有著可以溝通的路徑。還需要指明的是，無論是中西或者是古今，人類在社會生活中，會遇到共同的生活困境或思想焦慮。以中國的古今而言，唐律的編撰者與現代中國的立法者們，雖價值觀念不同，但都會遇到一個共同的困境，即當法律無明確規定時，該怎樣解決因立法顧慮不周或法條文意不明而留下的空白。此問題實乃古今中西的立法與司法所面臨的一個歷久彌新的理論話題。

在《傳統》一書中，先生分別撰寫了《唐律中的不應得為罪》（第六章）、《唐律輕重相舉條的法理及其運用》（第八章）《唐律中的「錯誤」規範及其法理》（此係新增專章）等，以其縝密的學理運思，深刻地揭示了其中的法理及其與古今相異而又相通之處。相異的是不同歷史社會條件下的法文化價值形態，相通的是古今中國之人如何運用富有洞察力的智慧闡釋法理，解決因

〔註15〕《史記·張釋之傳》載，漢文帝時，廷尉張釋之依常法審斷「犯蹕案」，遭文帝不滿，認為處罰過輕，釋之即對曰：「法者天子所與天下公共也。今法如此而更重之，是法不信於民也。且方其時，上使立誅之則已。今既下廷尉，廷尉，天下之平也，一傾而天下用法皆為輕重，民安所措其手足？唯陛下察之。」漢文帝思考良久，認為「廷尉當是也」。此案即反映了司法者依法斷獄，不受君王任意干涉的寶貴自覺。參見（漢）司馬遷：《史記》卷一〇二，張釋之列傳，第 9 冊，中華書局 1982 年版，第 2754～2755 頁。

〔註16〕我的學生潘萍對此種傳統司法中的「平」之觀念有專題討論，參見潘萍：《〈天聖·獄官令〉與唐宋司法理念之變——以官員、奴婢的司法待遇為視點》，載《法制與社會發展》2017 年第 6 期。

法律空白而留下的法律難題。以《唐律》中的「輕重相舉」條為例。在《傳統》一書中，先生舉臺灣竹東頭前溪畔發生的一個捕魚案例為引子。在這個案例中，當事人深夜用帶儲電池的電杆放入水中致魚兒麻醉昏迷，捕得半斤。一審法官以臺灣地區「漁業法」第45條之規定為類推依據，〔註17〕斷定當事人有罪。案經被告上訴，二審維持原判。但臺灣地區最高司法當局之「檢察署」負責人卻認為，一二審法官之判違反罪刑法定原則，如法無明文規定，無論何種行為不得用類推適用，入人於罪。此後臺灣地區最高司法當局採納此意見，改判當事人無罪。〔註18〕通過此案，先生以為，在討論「罪刑法定」原則下類推可否適用之際，應當關注「類推適用」與「當然解釋」之間的界限該如何區分的問題。這就自然會讓人們聯想到《唐律》中的「輕重相舉」條究竟是比附類推，還是與現代法理相通的「論理解釋」，其性質是「擅斷」，還是「釋滯」，其立法的原意何在？〔註19〕先生進而指出，《唐律》中固然有比附的規定，但「輕重相舉」條並非比附，也非比附中的類推解釋，而是與現代法律解釋學中的「論理解釋」很相似，屬於「論理解釋」中的「當然解釋」。〔註20〕

　　法律解釋在現代法治社會的司法實踐中佔有舉足輕重的地位，法律的適用離開法律的解釋幾乎寸步難行。法律規範中的文字、概念需要解釋，法律目的、立法原意也需要解釋。法律有明文時需要解釋，法律無明文時更需要解釋。在現代法學名著中，德國學者卡爾·拉倫茨的《法學方法論》享譽世界，而「法律解釋」就是其書中的專章。〔註21〕學界通常認為，法律解釋（或闡釋）有三大類：狹義之法律解釋、價值補充、漏洞填補。在《傳統》一書中，理論解釋屬於狹義的法律解釋，它與文義解釋並列。擴張解釋、限縮解釋為文意解釋之範疇，而當然解釋、目的解釋、體系解釋、歷史解釋則屬於論理解釋。〔註22〕

〔註17〕臺灣地區「漁業法」第45條規定：「投放藥品、餌餅或爆烈物於水中，以麻醉或減害魚類者，處一年以下有期徒刑併科百元以下罰金。」
〔註18〕參見黃源盛：《漢唐法制與儒家傳統》，元照出版有限公司2009年版，第300頁。
〔註19〕參見黃源盛：《漢唐法制與儒家傳統》，元照出版有限公司2009年版，第300～301頁。
〔註20〕參見黃源盛：《漢唐法制與儒家傳統》，元照出版有限公司2009年版，第329頁。
〔註21〕參見（德）卡爾·拉倫茨：《法學方法論》，陳愛娥譯，商務印書館2003年版。
〔註22〕參見黃源盛：《漢唐法制與儒家傳統》，元照出版有限公司2009年版，第391頁。

說《唐律》「輕重相舉」條非類推適用（比附），而是論理解釋，顯非先生一人之見解。在此之前，日本刑法學者岡田朝太郎、臺灣地區刑法學者蔡墩銘、臺灣地區唐代法制史研究大家戴炎輝等先生對此皆有論斷。〔註23〕先生的貢獻在於，以法史科際融合的眼光，在史料與臚列各家見解的基礎上，剝離二者貌合的外衣，細辨二者的學理差異。在法無明文這一前提上，比附援引（類推適用）與輕重相舉是相同的，故學者常將二者混淆而不加區分。其實，釐清二者的差異十分重要。二者的區別在於，首先，就推理的形式而言，「輕重相舉」屬「論理解釋」中的「當然解釋」，而「當然解釋屬於直接推論，其思維過程，乃一經帶進，即導出結論，無需借助於其他命題。其推論過程，『凡 s 是 p，故某 s 是 p』。故只需一個命題為前提，即可將係爭案件事實涵攝推引出結論」。而「類推適用則為間接推論，必須衡諸全體立法旨趣，認尤甚於法律個別規定或相類似時，透過 m 是 p（大前提），s 與 m 類似（小前提），故 s 是 p（結論）」。〔註24〕

其次，就比照之律條與行為事實之間的關係而言，「當然解釋」中比照類似之條文與行為事實之間有著必然的聯繫，而「比附援引」之比照律文與行為之間並無明確的聯接關係。之所以得解為類推適用者，則完全是基於事實上之需要，或為遷就某特定的時空條件，將律條中已有規定的犯罪類型，用來作為對缺乏明文規定之行為的處罰依據，這就是法學方法上所說的「漏洞的填補」，其實質是法之內部的「法律續造」。〔註25〕

概括來說，《傳統》一書對《唐律》之「輕重相舉」條之法理的揭示，宛如「蘇格拉底」教學法，環環相扣、層層剝離，最後向讀者展示出這個法理的底蘊之所在。為明確起見，特概括轉述之：

（1）前提：斷罪無正條。包括：①「一部律內，犯無罪名」；②律有罪名，但「無加減文之情況下，決定刑罰如何加減」。（2）內涵：在以上前提下，當需裁判決定「罪之有無」，實際上還包括「罪之輕重」時，運用法律推理中的直接推理加以闡釋，直至得出結論。（3）律疏（《唐律疏議》）對「輕重相

〔註23〕參見黃源盛：《漢唐法制與儒家傳統》，元照出版有限公司 2009 年版，第 322～326 頁。

〔註24〕參見黃源盛：《漢唐法制與儒家傳統》，元照出版有限公司 2009 年版，第 328 頁。

〔註25〕參見黃源盛：《漢唐法制與儒家傳統》，元照出版有限公司 2009 年版，第 328 頁。

舉」的解說與案例列舉（假設之案例與實踐中之實例）。（4）為何說「輕重相舉」是論理解釋中的「當然解釋」？（5）《唐律》之「輕重相舉」條是否破壞了法的客觀性？〔註 26〕

不消說，對《唐律》之「輕重相舉」條的學理解釋，自沉家本以來的中國學者代有爭議，即便是研究中國唐律的日本學者也同樣持有不同見解，岡田朝太郎的認識就與仁井田陞不同。從此意義上講，先生也並不認為自己的見解就是定論，對此條性質的認定與學理闡釋可能還會在新的時代與理論視野下有著新的見解與認識，這正是《唐律》的魅力所在，也是古典中華法理智慧之所在。〔註 27〕

四、內涵與旨趣：別具一格的黃氏方法論

先生常說，法律史，尤其是中國法律史之教學與研究，既有一定之規，又無一定之法。說有一定之規（即方法），即是說：其一，凡學問皆始於方法、終於方法，無方法則寸步難行；其二，就某一學科某一專業的研究方向而言，它最基本的方法是要弄清研究對象的性質與特徵，否則就像盲人摸象，難得要領。說無一定之法，也有兩層意思。首先，研究者不能迷信方法、囿於方法，方法是學者在踏實的研究中琢磨、體悟並最終提煉出來的，而不是整天演講、誇誇其談，談出來的。熱衷於方法而不付諸於實踐，則方法必死無疑。其次，某種有特色的方法固然就範式的角度而言，會彰顯其獨有的視角、分析問題的路徑、概念提煉的獨到，等等，但研究對象涉及材料的廣度與研究者探賾索隱的強烈求知欲，都可能突破被其選定的「範式」或「方法」的界域，因此材料整合與多種方法交叉使用在研究中在所難免。這就決定了嚴守某種方法或囿於某種方法將難免於「抱殘守缺」之譏。

如此深切的認識，是先生數十年中國法律史教學與研究的心得之結晶。但這並不妨礙中國法律史研究中方法運用的重要性。研究者若能於自己的研

〔註 26〕參見黃源盛：《漢唐法制與儒家傳統》，元照出版有限公司 2009 年版，第 308～328 頁。
〔註 27〕我在近來宋代法律史研究中集中思考著一個問題，即儒家道德倫理話語下的宋代司法中（以《清明集》為中心），那些史上留名的法官們是否也會在司法審判中遇到如同現代法官一樣的問題，即事實與規範銜接時，要麼規範不明，要麼規範缺失。此種情境下，他們如何處斷案件？他們會運用法律推理嗎？他們怎樣認定事實，證據如何運用？我的部分回答，參見陳景良、王小康：《宋代司法中的事實認知與法律推理》，載《學術月刊》2020 年第 2 期。

究心路歷程中，由作為技術手段運用的「方法」入手，一步一步地走來，形成具有某種特色的「方法論」，即「範式」，那便會在推進某學科發展的方向上，具有舉足輕重的地位。因為，方法不同於方法論。前者是一種技術、工具或手段，後者則是「範式」，它是方法的學理化與體系化，而先生就是一位在中國法律史的教學研究中，形成了「黃氏之問」與「黃氏之思」，具有創立「範式」之地位的學者。那麼，「黃氏方法論」的內涵與特色究竟是什麼呢？

我認為，欲瞭解「黃氏方法論」的內涵，《法學與史學之間——法史學的存在價值與研究方法》與《法史經驗談：研究方法與當代價值》兩篇文章最為值得細讀。〔註28〕在此兩篇專論中，先生用「自答自問」或者「一問一答」的形式，追憶了自己從青年時代讀大學時，就深深地為老師黑板上「春秋折獄」四個大字所折服的初始衝動，以及後續到臺大讀博、日本訪學、「《唐律》研究會」讀律、南京中國第二歷史檔案館整理民初大理院判例與平政院裁決的深思熟慮。凡此種種，都深深地鑴刻著先生讀經研史，探賾索隱中華法理智慧的心路歷程。先生說，欲研讀中法史，必先明中法史作為研究對象的學科性質與特徵。中法史這一學科，在海峽兩岸學者的論述中，並無固定名稱。大陸先前稱「中國法制史」，〔註29〕現在多稱「中國法律史」，臺灣地區常以「法制史」「法律史」「法文化史」稱之，而先生則以「中國法史」命名。〔註30〕叫法雖不同，但其學科屬性則必有邊界且有其特色。

首先，它是史學中的專門史，從《法經》到《大清律例》至民國法律，雖然都是法學範疇，但因其強烈的時代特色而具有一般史學之屬性。其次，它又是法學的範疇，無論是哪個朝代的法律，都具有法的一般屬性。從此意義講，中法史的學科屬性是以史為基礎，以法律規範為主要研究對象的「既法又史」之雙重屬性。學科性質的特徵，決定了研究對象標的範圍，既有制度，也有思想；既有規範，也有法意；既有「具象」，也包括「無象」。先生常用「種子」與「花果」來喻之。思想是「種子」，制度因有「種子」而「發芽」，

〔註28〕 分別參見黃源盛：《法學與史學之間——法史學的存在價值與研究方法》，載陳俊強主編：《中國歷史文化新論——高明士教授八秩嵩壽文集》，元華文創股份有限公司2020年版；舒硯：《法史經驗談：研究方法與當代價值——黃源盛先生訪問錄》，載陳景良、鄭祝君主編：《中西法律傳統》第11卷，中國政法大學出版社2015年版。

〔註29〕 中國法律思想史學科在20世紀90年代單獨招生，單獨開選修課。

〔註30〕 參見黃源盛：《中國法史導論》，廣西師範大學出版社2014年版。該書繁體中文版由臺北犁齋社於2016年先行出版。

二者是因果關係。展開而論，思想、制度、規範、法典，四者之間步步遞進。而其背後則是人，人是歷史與社會中的人。人有善惡，古今皆同。而對人性的理論預設基本上定性了不同質形態下法律文明的各種類型。如此一來，中國法史研究對象包含的史料範圍，既有位階之分，又有各種史料體裁之別。範圍既專又廣，研究的門檻相對部門法而言則要求更高，文、史、哲、法之知識與理論皆在中法史學科研究者的視野之中。

理清上述思路與前提，才能明白「黃氏方法論」的內涵，這就是：（1）研究進程的三部曲，即史料的搜集、史料的辯證和史料的消化。（2）法史研究的三維度，即時間之維、空間之維和事實之維。這裡所謂的「維度」，即是中法史研究中的三個面向，任何法史研究選題都離不開時間之維、空間之維、事實之維這三個面向。不過，在我看來，在此三者之上還應該加上「規範之維」。（3）法史研究的三個境界，即通古今之變、辨中西之異和究當今之理。

在先生看來，中法史研究無論研究者個人天賦如何，方法如何翻新，都離不開三個要素：史料、史實、史觀。史料是研究者的基礎，如同蓋房子的泥沙、瓦磚、木材等。法史研究追求客觀真實，只有在本原史料的基礎上，才有可能建構事實，呈現事實之真。故史料是基礎，無史料，不足以建構事實。但研究者必須明白，一旦研究選題確定，研究者必須盡可能窮盡有關史料，用史料彰顯事實，建構事實。但事實的建構在面對各種史料時，會遇到史料的體裁、位階差異，史料的矛盾與衝突，史料對常識與邏輯的違背等問題，這就需要研究者對史料進行辯證與取捨。取捨需要標準，標準的確立則需要史觀。史觀既含有研究者的見識，也必然包含著研究者看問題的立場。從此意義上講，作為範式意義上的方法論，確乎不是某種研究方法這麼簡單。它不但包括研究的技巧，更包括研究者處理材料、建構事實的獨特視角與觀察問題、進行理論闡釋的方法。

說完「黃氏方法論」的內涵，再說「黃氏方法論」的特徵與思想旨趣。所謂特徵，就是黃仲夫先生四十餘年來研究中法史這門學科時，在杏壇執鞭、學術演講、專題研究中的特色與追求價值。概括言之，以史證法、以法解史，法史互見、科際融合，這便是「黃氏方法論」的最大特色。而這個方法論的旨趣則是，在通古今、別中西、察當今法律變與不變之理的中法史研討中，通過歷史上的法思想、法規範及其相互關係的折射，洞察古今中外歷史上幽微的人性，從而揭示中華法理古今相通中的智慧。此種智慧，正是從超越知識、

體悟社會人生百態的法史研討實踐中得來的。

五、印象：我所認識的黃仲夫先生

《孟子・萬章下》曰：「頌其詩，讀其書，不知其人可乎？」答曰：不可。我與黃教授仲夫（源盛）先生之學術交往，究竟起於何日何時，這在我的記憶中已經變得模糊不清。微信電詢老友范忠信（他有記日記的習慣），告知是在 2010 年 4 月 20 日的「洪範論壇」第十二期學術演講會上。可在我的記憶中，這絕非是首次與先生相晤。依稀記得是十多年前一個初夏的夜晚，忠信通知我，臺灣地區著名法史學者黃源盛教授來武漢大學參加學術活動，為了擴展中南法史師生的眼界，特邀先生舉辦一次學術講座，由我擔任評議人，那時近幾年才興起的「與談人」之稱謂尚未流行。只記得那次講座開始時，現場人山人海，氣場十分宏大而又熱忱。先生進入講座現場時，著夏季西裝，領帶淡雅，形容嚴謹。講座開始大約五分鐘後，在爆炸似的掌聲中，先生微微一笑，頷首致意道：「天氣悶熱，請同學們允許我解下領帶。」這個不經意的請求，折射出了學人黃仲夫的知識涵養與本色，一下子使滿場肅然的氣氛變得親切溫暖起來。更加饒有趣味的是，那次學術演講的題目雖是《法律繼受百年的思索》，但不免要對古典中國法律進行一個簡要的回顧。當先生講到「《易》曰：『天垂象，聖人則之』。觀雷電而制威刑，睹秋霜而有肅殺」時，屋外竟雷聲滾滾、大雨如注，好像真的有了「天人感應」似的。即情即景下，依稀記得先生說：「同學們你們看，中法史的魅力看起來『驚天地，泣鬼神』喲！」先生這機敏的一語，一下子迎來了比雷聲還大的掌聲。這一幕印在我的腦海中，久久不能退去。

第二次與先生見面已是 2010 年春，在俞江於華中科技大學法學院舉辦的「中國刑法典誕生 100 週年」學術研討會上。會後，范忠信與我一起邀請臺灣地區來參會的黃靜嘉老先生、那思陸教授與仲夫先生一起到中南舉辦「法史三人行——百年法律移植／繼受利弊得失」學術演講。那次演講已過去十年，歲月消磨了人的記憶，作為主持人的我，很多細節已模糊不清。只有一個情節定格在我的印象裏，即在嘉賓三人依次 30 分鐘的輪流主講中，每當有黃源盛名字出現時，學生便人頭攢動、掌聲雷鳴。待先生演講告一段落時，學生便如潮水般退去，悄無聲息。待麥克風再度響起黃源盛的名字時，文波樓（演講所在教學樓）對面的學生又一窩蜂似地湧來，弄得我這個嘉賓主持

人都有點不好意思面對另一位黃老先生與那思陸教授。那時的學生，熱誠而又激情滿懷，他們把這種現象戲謔地稱之為「黃源盛風暴」。

2016年暮春，先生來中南講學，一連講了五次，後又受聘為中南財經政法大學文瀾學者講座教授（兼職）。自2017年起，每年都來江城聚徒授學，傳道解惑。有時一年一周，有時一年兩周。我除在課堂上如同本科生、碩士生、博士生一樣親炙先生教澤外，還在課後茶餘，陪同先生赴嵩山少林寺參禪、嵩陽書院論道、湖南溈仰宗寺院聽顯心法師開示等諸多場合，比其他人多了與先生接觸與攀談的機會，也更多地感受到了先生人格的平實、醇厚，及其情懷的恬淡、空靈。可以說，對我而言，未認識先生前，黃源盛的名字只是和法律史學者聯繫在一起的。那時候，我只知道叫這個名字的人著作豐富、飲譽學林。待我第一次主持講座，面見先生時，那個夜晚的雷聲與掌聲及講座的氣場，使我對「黃源盛」這個名字的印象，由一個學者的符號變成了一個個性鮮活且對講座現場極有感染力的智者，而這個智者身上顯然又有仁者之風！

再往後，這個形象更加飽滿——既是嚴謹的法史學者，也是引領學界風向、感染無數學子的黃老師、黃教授，還是一襲布衣、生活恬淡，旨趣空靈而又平實謙和的學長、朋友，是一個可以讓周圍人感受愉快，讓親近者變得高雅而又文明的平凡人。可他的確又是著名的學者、嚴謹的教師、謙和的學長、溫文爾雅的智者。

我常想，先生與我是怎樣走到一起，亦師亦友，心靈相通的呢？他出生於上個世紀五十年代的臺灣雲林，我生長於同個世紀五十年代的豫東腰屯。他參禪悟道，我信仰歷史唯物主義。他生活淡雅，很少沾酒，我總想策馬橫槊、釃酒臨風。他是他，我是我。怎麼可能惺惺相惜、隔海相念呢？答案也許就在那「飛花墜葉」的因緣巧合之中。每念及此，一幕幕畫面在我心中悠然而現：與人道別時，那深深的一鞠躬；回憶父親時，那滿眼的淚花；講到學者應有的職業道德時，那情不自禁而又嚴肅的敲擊桌子聲。那一幕幕的畫面，變成了一個清晰的身影。這就是我對他的印象：肩背布袋、身穿布衣，恬淡謙和的黃源盛。你可以稱他為「黃老師」，也可以尊稱他為「黃教授」，而我則永遠稱他為「尊敬的先生」！

十年一劍：《陝派律學家事蹟紀年考證》的史料與法學價值〔註1〕

　　陝派律學是晚清一大奇觀，也是近幾年法律史學界研究的焦點。〔註2〕老友閆曉君教授，治史讀經，潛心法史，攻讀博士階段追隨考古與史學大家李學勤先生，戮力簡牘，精研秦漢，畢業後入職西北政法大學，從事中國法律史的教學與研究，成就斐然，陸續推出了《出土文獻與古代司法檢驗史研究》《秦漢法律研究》等專著。〔註3〕秦簡漢牘浸潤下的史學功底，既為曉君的中法史研究奠定了基礎，也為他轉向晚清律學研究開拓了新思路。秦律產生於古代中國第一個統一王朝的形成過程中，其所創造的法律概念，如故意、過失（端與不端），刑事原則如誣告反坐等，雖屬初創，但卻一直影響到其後歷代王朝，直至清末。正因如此，曉君教授在秦漢法律研究之後轉向晚清律學

〔註1〕本文原載於《江漢大學學報》2021年第2期。
〔註2〕就筆者閱讀所限，早在1982年北京大學李貴連教授即在《法學研究》上發表《〈大清新刑律〉與〈大清現行刑律〉辯證》一文。另外，上世紀九十年代末上海社會科學院法學所華有根研究員曾戮力研究薛允升的律學成就，並出版了專著《薛允升的古律研究與改革》（上海社科院1999年版）。除此之外，近幾年的研究成果有李欣榮：《吉同鈞與清末修律》，載《社會科學戰線》2009年6期；孫家紅：《歷盡劫灰望雲階：薛允升遺著〈秋審略例〉的散佚與重現》，載中國法制史學會、歷史語言研究所主編《法制史研究》第24期，2013年12月出刊；吉同鈞撰，栗銘徽點校：《大清現行律講義》，清華大學出版社2017年版；蘇亦工、謝晶主編：《舊律新詮——〈大清律例〉國際研討會文集》（第一、二卷），清華大學出版社2016年版。
〔註3〕閆曉君：《出土文獻與古代司法檢驗史研究》，文物出版社2005年版；《秦漢法律研究》，法律出版社2012年版。

研究，可謂是立意於把握傳統中華法系的首尾始終。

如果說《走近「陝派律學」》一文〔註4〕是曉君中法史研究學術轉向之標誌的話，那麼曉君與陳濤教授共同主編、曉君所整理的《樂素堂文集》《慎齋文集》《大清律講義》《大清現行刑律講義》等「陝派律學文獻叢書」〔註5〕，便是從史料整理入手，開啟了晚清律學尤其是陝派律學研究的新篇章。

歲值庚子，陽春之季，疫情雖已受到控制，但並沒有完全結束。百無聊賴之中，我忽然收到了一個沉甸甸的包裹，打開一看，原來是曉君兄寄來的，2019年法律出版社出版的《陝派律學家事蹟紀年考證》一書（以下簡稱《紀年考證》）。這是曉君在整理出版陝派律學文獻的基礎上，實地走訪陝派律學人物出生、居住、為政之處及訪談其後人，窮搜文獻三百多種，直接引證材料二百餘種，花費十數年心血編撰而成的一部鴻篇巨製。現分別就此書的史料體裁與研究價值分說一二，以期有所裨益於對晚清律學尤其是陝派律學（乃至豫派律學）有興趣的讀者。

一、《紀年考證》作為年譜、合譜類著述的史學體裁特徵

《紀年考證》一書，共78萬餘字，941頁，是一種年譜類體裁的史學巨著，也是陝派律學人物的合譜。欲明本書的價值，必須說明年譜、合譜類著述的史學體裁特徵。年譜是一種重要的史學著述方式，它以被譜的人物（即譜主）為中心，將其出身、籍貫、學業、著述、生平事蹟與交友情況，按年月次序進行排比。為了讓讀者明瞭譜主的思想及其所處的時代背景，年譜著者往往還要窮搜史料，將時政大事一併列出。

在中國史學體裁中，紀傳體史書流傳最早，且在正史中佔據中心地位。紀傳體史書的特徵是以人物為中心，通過人物而記事，稱為「傳」，而傳的重要素材基礎即是「行狀」。所謂行狀，是指在中國古代死者家屬所撰寫，或家屬委託親朋好友、門生故吏，乃至名人大家所撰寫的死者生平大事略，亦或稱之為「行述」。其內容通常包括死者世系、生卒年月、籍貫、事蹟等。行狀是供以撰寫墓誌或國史立傳的依據。

〔註4〕閆曉君：《走近「陝派律學」》，載《法律科學》2005年第2期。

〔註5〕吉同鈞：《樂素堂文集》，閆曉君整理，法律出版社2014年版；趙舒翹：《慎齋文集》，閆曉君整理，法律出版社2014年版；吉同鈞：《大清律講義》，閆曉君整理，知識產權出版社2017年版；吉同鈞：《大清現行刑律講義》，閆曉君整理，知識產權出版社2017年版。

　　與傳志、行狀相比,年譜的載述更加細緻,內容也更加豐富。這種體裁非常考驗學者的學術功底,一些歷史學者正因撰寫出優秀的年譜而為時人所重。如國學大師錢穆,在上世紀 30 年代初,不過是蘇州一所中學的教師,因撰寫《劉向歆父子年譜》而譽滿學林,經顧頡剛推薦,受聘為燕京大學講師,後歷任北京大學、西南聯大等大學教授,終成一代名師。

　　在中國歷史上,有兩類年譜。一為同時代人所作年譜,譬如朱熹高足李方子為朱熹所作年譜,即《紫陽年譜》。二為後代人所作年譜。譬如清人王懋竑所作《朱子年譜》十卷本。該書作者吸取前代學者為朱子做年譜詳略失當的教訓,花費 20 年心血,四易其稿,方畢其功。王少時即恥言名利,立志高遠,精研朱子之學。嘗謂友人云:「老屋三間,破書萬卷,平生志願足矣。」〔註6〕正因王懋竑肯下苦功,所以其作備受學人稱頌。

　　這兩種年譜各有利弊。撰者與譜主同一時代,其優點是材料直接,無疏離感,這是因為撰者多為譜主的門生故吏。但正因如此,此類年譜的缺點便是:有自我粉飾之嫌,或文中難免羼雜阿諛溢美之詞。至於後人所作年譜,或後人在前人基礎上補撰而作之譜,其優點是撰者與主人公因相隔久遠而無利害關係,所以其評述自然更加客觀公正。缺點是不像同時代人所作年譜,見聞真切、資料直接,故此撰者更須沉潛於史料之海,用心考訂,孜孜以求,方能撰寫出嚴謹客觀的作品。因此,後人所撰或補撰的年譜,在史料搜集、辨別、考證以及編綴成書上,是更為困難的,也更考驗作者的史學才識。

　　曉君的《紀年考證》一書,便屬於後一類,同時還是將多個譜主事蹟紀年合為一篇的合譜。梁啟超先生在他的《中國歷史研究法》一書中說:「還有一種合譜,前人沒有這樣做過。合傳的範圍可以很廣,事業時代都可以不必相同。年譜若合二人的生平在一書內,最少也要二人的時代相同。我們看,從前有許多人同在一個環境,同做一種事業,與其替他們各做一部年譜,不如並成一部,可以省了許多筆墨和讀者的精神。」〔註7〕《紀年考證》一書所記述的陝派律學人物,其活動年代從 1820 年到 1945 年,跨度為 125 年,由晚清到民初北京政府、南京國民政府,乃至陝甘寧邊區政府。其生卒時代雖非絕對的一致,但大致都在晚清民國範圍內。從事業上看,譜主們都屬於晚

〔註 6〕趙爾巽等:《清史稿》卷四八〇,列傳第二六七,中華書局 1977 年版,第 43
　　　　冊,第 13141 頁。
〔註 7〕梁啟超:《中國歷史研究法》,上海古籍出版社 1998 年版,第 232 頁。

清律學中的一個最大派別——陝派中人，且其敘事以薛允升為中軸，以同光之際的刑部司法為側重點，故其事業、時代均可視為一體。因此，《紀年考證》一書可視之為對梁氏所說「合譜」體裁的一次著述實踐。

二、《紀年考證》的史料價值

（一）鉤沉陝派律學史料，重構清末修律史實

梁啟超曾說：「研究近代的歷史人物，我們很感苦痛，本來應該多知道一點，而資料反而異常缺乏。」〔註8〕梁氏這個說法，用於描述晚清律學研究也是中的之語。晚清律學是中國古代律學的最後階段，也是傳統律學成就最具時代風采的重要篇章。律學的昌明很大程度上反映於立法之上。清末宣統二年（1910）頒布的《大清現行刑律》，既是古代中國最後一部刑事法典，也是晚清學習西方而欲出臺《大清新刑律》之前的一部過渡性法典。這部法典的「民事有效部分」還成為了北京民國政府（1912～1928），在來不及制定民法典的情況下，直接在司法審判中予以援用的法源。

然而，就是這樣一部重要的法典，其制定過程如何，何人總其綱而挈其領，其精義為何，影響如何，諸如此類的問題，以往的中國法律史學界雖有不少成果，但對這一段歷史的描述，多浮於表面而難以深入。例如，各類《中國法制史》教科書一般認為：《大清現行刑律》的制定與頒布，是沈家本實主其事，貢獻最大。由此，在法科師生心目中，只有沈家本才是變法修律的第一功臣。其實，這種敘事並非是歷史的全部真相，它遮蔽了另一個重要人物的歷史貢獻——此人就是陝派律學的殿軍人物韓城吉同鈞。

吉同鈞之所以長期被忽略，一方面是由於其在辛亥革命後，思想保守，退隱都市，與社會主流節拍不合〔註9〕，另一方面則是因為法史學界對於晚清律學的各種史料缺乏足夠的重視，更缺乏系統的梳理和掌握。《紀年考證》一書，搜集各種史料，詳贍地記載了吉同鈞於 1904 年 5 月《上修律大臣酌除重法說貼》〔註10〕與同年 8 月再上《請減輕刑法說貼》〔註11〕的過程。

〔註8〕梁啟超：《中國歷史研究法》，上海古籍出版社 1998 年版，第 194 頁。

〔註9〕參見俞江：《傾聽保守者的聲音》，載《讀書》2002 年第 4 期。

〔註10〕閆曉君：《陝派律學家事蹟紀年考證》，法律出版社 2019 年版，第 749～756 頁。

〔註11〕閆曉君：《陝派律學家事蹟紀年考證》，法律出版社 2019 年版，第 756～758 頁。

尤為難能可貴的是，《紀年考證》一書，清晰地還原了吉同鈞以 1904 年請求「刪除重法」為契機，參與《大清現行刑律》制定的詳細過程，並且詳盡地展現了吉同鈞從 1905～1911 六年間他為京師法律學堂、法政學堂、法部律學館、大理院講習所等四所法律人才培養機構講授《大清律講義》《大清現行刑律講義》《法部律學課卷》《秋審條款講義》等課程的歷史事實。〔註12〕從而讓我們認識到吉同鈞在參與《大清現行刑律》制定的同時，即開始了他的《大清律講義》《大清現行刑律講義》《秋審條款講義》的寫作。

《紀年考證》一書對吉同鈞事蹟的記述，使我們對這段歷史有了更加深入的瞭解：吉同鈞不僅早於沈家本一年提出了「刪除重法」的請求，從而先於沈家本而開啟了清末修律的進程，而且還是《大清現行刑律》制定的實際參與者，並位居五位總纂官之首。〔註13〕這些都說明，吉同鈞對舊律極其熟悉，能發現舊律之於時代的不足，也能前瞻改革法律的目標。人們將他看作「保守者」，看到的是他堅持舊律，很少思考法律需要與社會相適的內理。

清末修律，「禮法之爭」備受關注。大家熟知堅持固有傳統的禮派代表是張之洞和勞乃宣，然二者並非專研律學之人。提出「刪除重法」的吉同鈞在《大清新刑律》的修訂上也站在了傳統的一方。這一轉變，在那個時代，會被認為「保守」，甚至「落後」。但是，吉同鈞並未覺得不妥，憑藉對律例的熟悉，「道德器識」、「法外之意」的認識，他覺得新律在某些方面「不適實用」。

當這些歷史細節躍入我們的眼簾，吉同鈞對清末修律的歷史貢獻就清晰地展現出來。

除吉同鈞外，《紀年考證》還記錄了多達十幾位陝派律學家，以及與陝派聯繫緊密的沈家本。這種合譜，繪製了陝派律學家的群體影像，他們分別是：薛允升、雷榜榮、趙舒翹、段理、黨蒙、張成勳、武瀛、王之傑、蕭之葆、高祖培、段維、馬步瀛（海峰）、胡礪峰、李善初、霍勤燡、何毓璋、譚文蔚（秀亭）、周鏞（石笙）等。他們的人生軌跡，出生、入仕、升職、外放、回京、逝世，年資、入部時間、師承交往，都得到了展現。

就此而言，《紀年考證》集中展現了陝派律學家所經歷的歷史事件，以及

〔註12〕閆曉君：《陝派律學家事蹟紀年考證》，法律出版社 2019 年版，第 771～835 頁。

〔註13〕閆曉君：《陝派律學家事蹟紀年考證》，法律出版社 2019 年版，第 749～811 頁。

審理司法案件的詳細過程。也可以看到，他們在近代法律轉型中的立場和表達，這些都給我們研究傳統法與現代法的法理提供了線索。

總體來說，《紀年考證》一書對於研究近代法律轉型，勾稽各種已有的和新出的史料，以年譜的體裁進行編著，其時間線索清晰，因而更顯得細膩、詳盡，具有極高的史料參考價值。

（二）保存豫派律學史料，勾畫晚清律學局面

晚清律學有陝派與豫派之分。此種說法首現於沈家本1909年6月為吉同鈞《大清現行刑律講義》所作之序，其後董康又概括出二派的特點是：豫主簡練，陝主精覈。〔註14〕所謂「簡練」，是說豫派律學側重於司法實踐，文字著述不多；所謂「精覈」，則是解幽闡微，沉浸於律學之中而著述豐富。事實確實如此，陝派律學人物中，從開創者薛允升到中堅人物趙舒翹，再到殿後大家吉同鈞，都有豐富的律學著作流傳至今。

相較之下，豫派律學的史料不僅早已湮沒，而且其代表性人物陳惺馴（字雅儂，1846～1887）、田我霖（字雨田，1843～1895）英年早逝，律學著作未見傳世。目前，關於豫派律學的研究中只有王雲紅的《晚清豫派律學的再發現》一文，呈一枝獨秀之狀。〔註15〕造成這種局面的原因在於，晚清及近代的史料非常龐雜，而關於豫派律學的信息又非常有限，散見於各種材料之中。在此背景下，通過鉤沉晚清民國史料，勾勒出豫派律學代表人物的生卒年代及活動線索，成為當前學界研究中的一項急迫任務。

有見於此，《紀年考證》一書在本書敘事中，每遇豫派律學人物之事蹟，往往不忍割捨，附注於此書譜主——陝派律學人物的生平大事之後。這樣處理，雖不盡符合本書「陝派律學家事蹟紀年考證」的主旨，但正體現了本書作者的寬闊胸襟與對豫派律學研究的擔當精神。本書對豫派律學史料的梳理，為豫派律學研究開拓了史料空間，有助於勾畫晚清律學的基本局面。

申言之，與學界以往的豫派律學研究成果相比，《紀年考證》一書的史料貢獻有三：

其一，排列了豫派代表人物田雨田、陳雅儂的生平及主要事蹟。從此書所梳理的年譜線索中，我們大概可以瞭解到：豫派律學大家田我霖（字雨田）

〔註14〕閆曉君：《陝派律學家事蹟紀年考證》，法律出版社2019年版，第2頁。
〔註15〕王雲紅：《晚清豫派律學的再發現》，載《尋根》2016年第1期。

出生於道光癸卯（1843 年）八月二十八日，河南開封祥符縣人，同治三年（甲子，1864 年）中舉，而此年恰逢清末修律大家沈家本到刑部任職，光緒十六年（1890，庚寅）以「簡用」奉旨補授鴻臚寺少卿，職正六品，時年 48 歲。光緒十八年（1892，癸巳）十二月十八日，以通政司參議銜署內閣侍讀學士，參預機密。光緒十九年，京畿大災，田以內閣侍讀學士身份於盧溝賑粥，惠濟於民。光緒二十年（1894 年），因日本窺我領土，憂憤時艱，遂患肺疾，1895 年卒。〔註 16〕如此一來，田雨田的生平歷史脈絡便躍然紙上了。

其二，史料的補強作用。以陳雅儂為例，目前學界對陳的研究僅有上述王雲紅的一篇短文。文中提及，2014 年的一次學術會議上，一位朋友向他提供了《睢州志》與《清代官員履歷檔案》兩份材料。據此得知，陳惺馴，字雅儂，生於 1846 年，卒於 1887 年。陳的籍貫是河南睢州，今屬民權縣。上述信息的史料來源，為清人王枚纂修的《續修睢州志》。〔註 17〕文中對陳惺馴科舉及第、刑部任職時間與平反湖北省鄖西縣廩生余瓊芳命案一事，也都提及。但陳惺馴有何著作問世，他參與平反的鄖西命案之來龍去脈是什麼，王雲紅一文皆無說明。

對此，《紀年考證》一書做了交代：陳惺馴的律學著作為《駁案新編》，而且他還因參與查辦鄖西命案一事而立功，獲京察一等，以府道簡記。〔註 18〕所謂「府道簡記」，簡即選拔，記為記名。意思就是因功記名，留待以後作為府道官員而任用。清制，科舉中進士後，若入刑部為官，其品憂者授刑部主事或兼刑部某司主稿，然後再任秋審處坐辦、總辦。表現優異者，外放為府道長官，再憂者，可回刑部任侍郎。由此可見，陳惺馴參辦此案對其人生的重要性。此外，對於朝廷查辦鄖西余瓊芳命案的全過程，《紀年考證》中還進行了詳細的記載。〔註 19〕本書對陳惺馴相關史料的全面梳理，有助於增進我們對陳氏生平的瞭解。這反映了《紀年考證》對於現有研究的史料補強作用。

其三，對豫派律學研究的延展作用。囿於沈家本、董康對豫派代表人物的概括，當然更重要的還是因為史料的散佚，長期以來學界對豫派律學的瞭

〔註 16〕閆曉君：《陝派律學家事蹟紀年考證》，法律出版社 2019 年版，第 27 頁，第 38 頁，第 239 頁，第 290 頁，第 325 頁，第 326 頁，第 341 頁，第 403 頁。

〔註 17〕王枚纂：《續修睢州志》卷六，清光緒十八年（1892）刻本，現藏國家圖書館。

〔註 18〕閆曉君：《陝派律學家事蹟紀年考證》，法律出版社 2019 年版，第 216 頁。

〔註 19〕閆曉君：《陝派律學家事蹟紀年考證》，法律出版社 2019 年版，第 159～161 頁。

解僅限於田（雨田）、陳（雅儂）二人。近來王雲紅的研究，使我們知道了豫派律學的另外三人：孫欽昃、李培元、魏聯奎。那麼，還有無其他人物的史料線索，對這個群體的研究還有無伸展空間？這都是學界想瞭解的。

令人興奮的是，《紀年考證》一書作者不懼艱辛，在梳理陝派律學之餘，為我們拓展了另一個豫派律學人物的史料，即史緒任。據《紀年考證》載，史緒任，字小周，又字荷樵，晚號效遲，河南輝縣人。生於 1863 年，卒於 1924年。光緒八年（1882 年）鄉試中舉，十二年（1886）中進士，授刑部主事，習刑律，精研法意，決獄審慎。不久，乞歸養，主講河朔書院。史緒任曾任濟源縣令，並與汲縣李時燦，新鄉王安瀾創建經正書舍，獎掖後進，士風丕振。經刑部尚書戴鴻慈等人疏薦，擢大理院推事，簡署廣東高等審判廳廳丞，不久以道員歸河南補用。民國建立後，絕意仕進，里居不談時事。卒年 62 歲。〔註20〕這真是一段難以見到的珍貴的法律史料！

就筆者目力所及，以紀年體裁勾勒豫派律學人物的事蹟，在學術史上屬初次，這正是《紀年考證》撰者於史料「亟亟訪求，孜孜輯錄」的辛勤展現。《紀年考證》一書向學界昭示：豫派律學之深入研究雖千辛萬苦，但若能沿各類史料提供的線索，如各類地方志、年譜、墓誌銘、碑文等，走向山野田間，訪問豫派律學人物的後人，也許豫派律學之研究會向我們展示出一種全新的時代氣象。在這方面，《紀年考證》一書做出了絕好範例。

三、《紀年考證》的法學研究價值

若從法學研究的視角來看，《紀年考證》極具價值。陝派律學作為晚清律學的一支，自然屬於中國舊律文化的範疇。但應該看到，此派律學興起於同光之際，衰落於清末變法修律之中，其餘緒直接影響到民國北京政府、南京政府時代。且不說思想趨新的江庸、董康、伍廷芳以及主導變法修律的沈家本，就是嚴守舊時代禮法精神的薛允升、趙舒翹、吉同鈞、蕭之葆，他們的律學著作、律學思想、司法實踐諸方面，也都有著與現代法學在內容上、精神上可相溝通的地方。

陝派人物中，開創者薛允升與中堅人物趙舒翹雖出生時間不同（薛生於1820 年，趙生於 1847 年），但卒年是一樣的，都是 1901 年。他們的律學著作

〔註20〕閆曉君：《陝派律學家事蹟紀年考證》，法律出版社 2019 年版，第 837 頁，注2。

十分豐富，薛允升的《唐明律合編》《讀律存疑》，趙舒翹的《提牢備考》等皆為學界耳熟能詳。從廣義上說，薛、趙二人的律學著作也是法學研究之表現。但若從思維視野、著述話語層面上看，則難謂現代法學之作品。在晚清律學之作品中，兼具新舊時代之風貌，可接中西法學之榫卯的，除人們熟知的沈家本外，還有一個長時間消失在人們視野中而又實在不應忘記的人物，他就是陝派律學的殿軍——吉同鈞。

這裡要再次申說吉同鈞。吉同鈞，字石笙，1854 年（咸豐四年，甲寅）二月二十八日生於陝西省韓城縣城北趄趄寨子（現屬盤樂村），晚年自署「頑石山人」。〔註 21〕光緒十六年（1890，庚寅），吉中進士，授刑部主事，未到任，在家讀律。後為奉天、四川各司正主稿，判案平允，提升秋審處坐辦。晚清法部大臣定成曾在為吉《秋審條款講義》所寫的序中說：「石翁為愚同司老友，榜下分刑部，三年未入署供職，在家埋頭讀律，手抄《大清律》全部，皆能成誦。旁搜律例根源數千卷，並遠紹漢唐元明諸律，參考互證，必求融會貫通而後已。」〔註 22〕定成的說法與吉本人在 1910 年（宣統二年，庚戌）所上《上法部長官請開差缺書》的自述相印證，可謂的實之論。〔註 23〕

吉同鈞立志苦遠，年輕時仰慕鄉賢薛允升、趙舒翹，入職刑部後，在薛允升的提攜下，砥礪前行，品格拔俗。不僅著有《審判要略》〔註 24〕、《大清律講義》《大清現行刑律講義》《秋審條款講義》等著作〔註 25〕，而且早在 1904 年，清廷正式啟動變法修律前夕，吉同鈞就撰寫了《上修律大臣酌除重法說貼》〔註 26〕和《請減輕刑法說貼》〔註 27〕，要求清廷廢除律中重法苛刑。可見在這個風雲際會、中西法文化碰撞交匯的年代裏，吉同鈞改革法制以適應社會進步潮流的心情，該是多麼的迫切。當然，我們不能由此推說，吉作為一個飽讀儒家經史的舊士人此時已完全接受了西學的人權、法治價值觀念。

〔註 21〕閆曉君：《陝派律學家事蹟紀年考證》，法律出版社 2019 年版，第 31～32 頁。
〔註 22〕閆曉君：《陝派律學家事蹟紀年考證》，法律出版社 2019 年版，第 246 頁。
〔註 23〕閆曉君：《陝派律學家事蹟紀年考證》，法律出版社 2019 年版，第 821 頁。
〔註 24〕閆曉君：《陝派律學家事蹟紀年考證》，法律出版社 2019 年版，第 784～796 頁。
〔註 25〕閆曉君：《陝派律學家事蹟紀年考證》，法律出版社 2019 年版，第 806 頁，第 823～824 頁，第 831 頁。
〔註 26〕閆曉君：《陝派律學家事蹟紀年考證》，法律出版社 2019 年版，第 749～756 頁。
〔註 27〕閆曉君：《陝派律學家事蹟紀年考證》，法律出版社 2019 年版，第 757～758 頁。

這種選擇更多地反映了其基於儒家仁愛學說的內心表達。但不管如何，這兩個奏摺反映了他不僅具有深厚的舊律素養，還有著中西法律比較的胸懷和視野，這在中國近代法學發展史上是有著重要意義的。從這個層面來講，吉的律學著述，不論是《上修律大臣酌除重法說貼》《請減輕刑法說貼》，還是《大清律講義》《大清現行刑律講義》，說它們是溝通古今、媒介中西的法學著作，並不過分。《紀年考證》一書恰恰以年譜的體裁形式，為我們清晰地揭示了吉同鈞律學著述的歷史脈絡，為今後的深入法學研究提供了便利。

再就《紀年考證》一書所展現的吉同鈞參與清末法學教育的歷史過程，來看本書的法學研究價值。清末官制改革中，清廷傚仿西方，在修訂法律館、學部、法部、大理院四機構中，分別設立律學館、法政學堂、法律學堂、大理院講習所，專門講授中西法律之學。吉同鈞自己說：「余曾兼攝教事」，即擔任四大政法學院的法學教席。〔註28〕這是一件了不起的大事。眾所周知，京師法律學堂為法部所屬，法政學堂則屬於學部，律學館轄於修訂法律館，是沈家本為培養修訂法律新人而奏請開設的，大理院如同現在的最高法院，大理院講習所是專門為培養司法官而設。吉同鈞身兼四任，可見其法律素養之專深，為當時所重。

據《紀年考證》，吉同鈞在《京師法律學堂開學演詞》後補記中說：「從前國家以帖括取士，法律並不設科。自光緒末年變法，廢科舉而設學堂，始立法律之門。」又說，「自光緒三十二年起至宣統三年止（1896～1911），共主講席六年，前後學成卒業者二千餘人」。〔註29〕可見，吉同鈞在清末新式法學教育中為國家培育了大量的法學專門人才。後來民初的司法實踐證明：在北京民國政府自1912至1928年的十七年裏，在時局艱危、萬事急促，當局無力頒布民法之際，民事審判的進行全賴於大理推事們的司法經驗與智慧。這些優秀法官的出現與吉同鈞一身四任的培育之功是絕難分開的。

最後必須提到，1910年頒布的《大清現行刑律》，乃以吉同鈞作為五位總纂官之首席。〔註30〕這部《現行刑律》的「民事有效部分」，在北京民國政府時期仍然是審理民事案件的重要法源。這個法源，很好地解決了當時新舊交

〔註28〕閆曉君：《陝派律學家事蹟紀年考證》，法律出版社2019年版，第771頁。

〔註29〕閆曉君：《陝派律學家事蹟紀年考證》，法律出版社2019年版，第770～771頁。

〔註30〕故宮博物院編：《欽定大清現行刑律》（故宮珍本叢刊第333冊），海南出版社2000年版，第5頁。

替社會規則與國家法律適用之間的關係問題。也為後來民法修訂對待社會習慣作了鋪墊。正因如此，時至今日中法史學界仍然以此作為研究清末民初法統存亡絕續的關注焦點。儘管我們不能把《大清現行刑律》的成果全歸功於吉同鈞一人，但其中的法學中西之辨、古今之變，仍然值得今人細細品讀、研究。

就此而言，以年譜為體裁的《紀年考證》一書，對吉同鈞參與《大清現行刑律》制定的過程、主講《大清現行刑律》的歷史事實，提供了其他歷史文獻所未呈現的歷史脈絡，也改變了學界以往只知沈家本、俞廉三，不知吉同鈞所做的法學貢獻的偏見。〔註31〕因此，《紀年考證》一書所具有的法學研究價值是不言而喻的，它所拓展的未來研究空間也讓人翹首以盼。

結語

閆曉君教授整理出版《紀年考證》的初始是回應「吳建璠之問」。吳先生之問，所指豫、陝兩派對清代法律發展有何影響，兩派有哪些人，有何代表作，分野何在。對這一問題的思考，利於發掘清代律學的傳統。這種律學傳統，是「辦案經年」的刑部豫、陝官員所習，不僅有對於「律」的把握，也含有「例學」方臻的完善。這種律學與例學的傳統，是成文法與判例結合的規則適用方式，對於今天的法律與法學亦有意義。

清代治律之人，常能準確地找出最合本案的例或成案，律、例（案）結合的審判方式，使得案件審理既有成文法大前提、小前提、結論三段論的邏輯推演，又有案件具體事實比對的深深鑲嵌。可以說，審判中無論是方法還是結論，都是相對嚴格的。

《紀年考證》記述了晚清律學諸家在某些案件中的司法推演，可見他們對於律、例的精熟與運用。如薛允升在「王樹汶夥同強盜」一案中上疏駁豫撫李鶴年，認為王樹汶不屬於「共犯」。王樹汶被胡廣得脅迫同去，在曠野看守衣物，「胡廣得搶人之語，該犯臨時聽聞，與事前共謀者迥異」，屬於「未上盜，亦未分贓」。並比照洋盜案內為匪服役未隨行上盜之例，也就是被脅迫後，未參加實施犯罪，擬滿徒。同時用李鶴年具題另外一案（商城縣劉瀛階家被劫一案）作為參照，指明案犯夏老五共謀為盜，半途不行，同熟人在山坳看

〔註31〕閆曉君：《陝派律學家事蹟紀年考證》，法律出版社 2019 年版，第 816～818頁。

守行李，事後分贓，援引畏懼不行「例」，擬流刑到部，來說明李鶴年將王樹汶與首盜皆斬，判得過重。〔註32〕從王樹汶案可見，例的比對工作，相當嚴格。也說明刑部司法官的專業素養。

這種具體「例」的比對，看似「機械」，但對於案件公正而言，是有相當作用的。大量的案例，使治律之人看到紛繁複雜的生活，多種多樣的人們行為。這並非通過一個成文法條文的推理，也不是靠積累起來的案例簡單的對照就可以解決的。因為，即使完全同一的案件，只要時間、地點、當事人等任一要素有所不同，仍然可能影響判案的結果。這是嚴格的司法統一，或者說同案同判的苛刻追求。好比，法律條文是一條線，例、成案等等是輔佐這條線的，這些主線和輔線，構建了一種嚴密的規則結構。清代的律學、例學傳統，就是在這樣的比照中精細化的。

即使是今天，我們在成文法之外，也有指導案例制度，這種成文法與指導案例的結合，同樣是在將法律規則精細化。可以說，例學思維就是對前人智慧及所創建的先例的權威保持尊重，也是規則具體化實現的體現。《紀年考證》除了細緻化反映陝派、豫派律學家的律學知識外，也可以讓我們通過人物的生活史，觀察變革時代的政治、社會等等。這種意義在於，從時人對傳統社會的把握，對西法的認識，去理解清末修律中傳統與現代的衝突與磨合，進而思考國家法律與社會秩序的關係問題。

〔註32〕閆曉君：《陝派律學家事蹟紀年考證》，法律出版社 2019 年版，第 128～130 頁。

演講與筆談

宋代司法傳統中的理性與經驗[註1]

　　我們今天講的這個題目，叫「宋代司法傳統中的理性與經驗」，我給同學們講，我學的專業是法學，研究的方向是法史，興趣集中於宋代，關注的重點是司法活動中的人。這個人，有宋代司法秩序的傳承者、維護者——也就是宋代司法的主體，那批讀儒家之書的士大夫們，也有和這個群體有密切聯繫的，在民間幫助打官司的，包括訟師，幫助各級司法長官去辦理案件的那些胥吏，這些群體都是我近年來關注的重點和興趣所在。我現在已經過了「知天命」之年，今年都 51 歲了，身居鬧市，無論是在武漢，還是在開封（開封當年是七朝古都，一百多萬人口，相當於現在的紐約，但現在落後了），「晝讀古籍之書，夜與宋人夢語」，很多同學們所熟悉和瞭解的事情，我不熟悉，我所熟悉的東西，同學們可能知之較少，譬如說宋代士大夫的胸懷，宋代某個名公的判詞等等。這就是說，我的知識視野和同學們之間有一些差異，所以現代的司法改革與憲政，對於我這個生活在現代的人來說，講到深處，我卻磨蹭起來，而一千多年前宋代的東西，卻是我較為熟悉的。但是，研究法史，我個人以為，需要以現實的眼光去洞悟歷史，去洞悟傳統，反過來，也要在傳統當中來體悟現實，因此，我為這個講座做了一個 PPT，讓同學們先瞭解一下。講座不同於寫學術論文，我這個框架如果按照一篇學術論文寫下來，應該是五個部分，一是問題意識；二是概念的梳理；三是宋代的司法理念；四是宋代的司法機制與審判原則；五是結論。如果寫文章的話，應該按照這個架構來寫，但是對於演講呢，要把其中的學術含量講出來，就必須通過一

〔註 1〕本文為 2009 年在韓國成均館大學的演講稿。

種通俗的語言來表達。那麼，我就把這個框架集中一下，重點講以下幾個問題：

一、問題意識

問題意識包括兩個方面，第一，我是一個生活在 20 世紀到 21 世紀之間的人，但是研究的專業卻是法史，且重點集中於宋代，對於法史的研究者來說，現在面臨的社會上最大的質疑就是「研究法史的意義是什麼」，這具體表現在我個人身上，主要包括如下兩個方面：一是法史有什麼用；二是研究中國古代的司法傳統——宋代的意義在哪裏？宋代司法是中國古代司法傳統的一部分，但是現在學界普遍認為，中國古代的司法是一個非理性的司法，中國內陸學界曾經開過兩次會來討論，而且賀衛方老師、高鴻鈞老師都寫過專門的文章。大家普遍認為，建設中國的現代法治，尋求的是西方的資源以及現代中國社會的本土資源，那麼中國古代司法傳統呢，用賀衛方老師比較激進的話來說就是：中國法制史有什麼可講的嘛，無非就是三綱五常、倫理道德這些東西。賀老師以及學界的類似看法，也都深深地刺激著我。我是多少有一點文史情節的人，當年上大學，第一志願報的都是文學系和歷史系，山東大學、武漢大學都報了，第五志願報的是西南政法的法學專業，但是卻被吉林大學法律系錄取了，所以說，雖然專業學的是法學，但我一開始並不喜歡法學，更不知法學為何物。在當時那個年代，人們崇拜的是文學，因為經歷過文化大革命，人們的世界觀、人生觀、價值觀都有不同程度的紊亂，唯有文學才能撫慰人們受傷的心靈。在我上大學的前兩年，在圖書館看的不是什麼法學的書，也沒什麼法學專業的書可以看，講義都是自印的，在圖書館，看的主要都是文學書籍，然後就寫朦朧詩。後來考研究生，考的是北大的刑法，我的中國法制史考了五十多分，外語考了四十多分，兩門沒及格，北大就沒錄取我。第二年我考中國政法大學，考的還是刑法專業，達到了錄取的分數，但是排名第六，學院想把我調到法律史專業，問我願不願意調，按照當時中國高校的招生情況，研究生能上就很不錯了，哪有什麼願意不願意的呢？我就是這樣開始我的中國法律史學習的。還有一點，因為曾經的那種文史情節，也促使我非常熱愛法律史。

本來，歷史已經化為長河中的印記，我們要在歷史當中去洞察人性，瞭解社會，需要剝掉埋在歷史塵埃中厚厚的灰塵，去彰顯那個時代的語境和風

貌，這是需要一點工夫的和情懷的。那麼，我的情懷是什麼呢？我現在穿西裝打領帶，是為了對同學們的尊重，如果同學們允許，我就把我的西裝領帶脫下來，穿上我的唐裝，用我自己的話來說，就是左手托紫砂壺，右手拿線裝書。我的情懷同時還來自於這樣一個問題意識，概括起來說就是：研究中國古代法律有什麼用，（按照通常的觀點），古代的司法傳統完全是非理性的司法，研究它有何價值，有何意義呢？對於一個生活在現代的人，雖然嚮往古代，但是內在的焦慮經常會壓抑自己，面對現代的學術會議，面對現代人的質問，有時候會覺得無法去回應，這也許是因為在現代中國這樣一個社會裏，人們的某些方面的價值觀被西方化的緣故吧。儘管在現實生活中，我們黨的思維方式、治國方略、政治體制都與傳統密切相連，中國現實、文化情結都與傳統密切聯繫，但在形式上，我們國家從來不會把教師節定在孔子的誕生日，因為我們的意識形態不會去尊孔，所以這是我的第一個問題意識。第二個問題意識在於，如果說中國古代司法傳統有理性、有經驗，蘊含著豐富的合理性因素的話，那麼我們又該怎樣去理解這個問題呢？又怎樣來回答學界的質疑呢？我們就遵循這個問題意識，來開始我們的第二個思路，那就是概念的梳理與方法的運用。理性是西方價值文明中的核心概念之一，也是一個最為複雜且難以理解的概念，我的外文不好，只能看翻譯過來的外國名著，我看過關於古希臘的一些名著，理性在古希臘就有豐富的含義，大致包含邏輯、對話、科學等等，十分複雜。理性在馬克斯·韋伯、哈貝馬斯那裡也是十分複雜，為了講這個課，我重新讀了哈貝馬斯的著作，他的《在事實與規範之間》這本書，我看了兩遍也不知所云。但理性是不是只有西方有，而中國沒有呢？我個人認為這種說法顯然不正確。通常來講，理性有三層含義。第一，理性就是人們運用邏輯思維進行推理的一種能力，從這個意義上來講，理性就是人們處理問題的一種思維方式，也就是合乎條理地處理事情，理性體現的是一種合理性；第二層含義，理性指的是法官在審案過程中，運用邏輯思維進行推理的一個過程，通過這個過程，得到的判決結果具有客觀性、確定性；第三，如果把理性集中到司法上來講，就是指司法的合理性、正當性、客觀性與確定性。在這三層意義上來使用理性，我個人認為，宋代的司法傳統，蘊含了這三方面的理性，或者所蘊含有豐富的理性因素，為什麼這樣講？這裡存在著一個方法的運用問題。對於方法，我想強調幾點：第一，我們可以用西方的法律概念去分析（中國歷史），但不要迷信西方的結論，在

分析歷史時，要對中國的傳統保持適當的尊重，具體來說，我研究法律史，常常會以法社會學的眼光，將關注的重點集中於司法活動背後的人，包括這些人主觀的心理狀態，對於法律的認知及其司法理念，因為這些制度背後是理念，理念背後是人，而這些人更是活生生的歷史，所以對於歷史中的人，當我們用一種關注現實的視角去看待的時候，就會有一種難以言表的情懷，這就是我說的方法。如果根據這個方法去思考理性的話，那麼理性可以用來分析宋代的司法傳統。但我要說的是，從嚴格意義上來講，在司法中，理性就表現為判決結果的客觀性、確定性，這是一個理想的目標，不僅宋代的司法判決不可能達到完全的客觀性和確定性，就是在現代社會，也同樣如此，同學們對此一定要想一想。南宋名公真德秀曾說過一段很著名的話：「古今之民，同一天性，豈有可行於昔，而不可行於今？惟毋以薄待其民，民亦不忍以薄自待矣。」我常想，這個天性到底指什麼？為什麼說古人與今人是同一天性呢？古人與今人肯定有很大的不同，比如說價值觀念不同，現在我們以馬列主義為指導，古代以儒家民本思想為指導；我們現在要建設有中國特色的社會主義法治，而宋代的法制與現在肯定是截然不同的，更與西方基於三權分立的法治有著本質的差異，難道基於這我們就能說宋代的「法制」就不是法制！

古代人與現代人，在人的本性上，肯定是存在相似之處的，這個相似之處就在於：第一，人作為一個生物，必然具有一定的物質欲望，對於物質欲望的追求是人類由無階級社會進入文明社會的一個推動力，人若沒有物質欲望，是十分可怕的。人為了滿足自己的物質欲望，就必然要建立社會公共組織，為了建立社會公共組織，就必然要制定規則，制定規則就要規範人們的行為。但是大家要考慮，這個社會組織怎麼建立？用什麼理論建立？一個用武力取得了政權的政黨，在政權建立之後，它也不會說其政權是靠武力取得的，這是常理。我相信在西方文明的起源裏，也絕沒有什麼契約論在裏面，但是在西方社會裏，社會契約是其重要的理論基礎，但是中國社會呢，大家看儒家的書都知道，中國社會的組織，不是依賴於契約，而是靠儒家道德，其建國理論訴諸於仁義道德，這是中國與西方最大的不同。國家政權的建立和存續可能需要理論的假設，因為理論的假設並不影響理論所揭示的向度和力度，很多理論是建立在假設之上的，但是它揭示的社會現實，建立的權威，建立一個文明社會的宗旨卻是恰當的，這就是理論的奧妙的所在。

同學們，我為什麼要說理論，原因在於如果有人認為理論僅僅是完全複製於現實的話，那不是很愚鈍嗎？理論怎麼能與現實一樣呢？理論來源於現實，但必須高於現實，否則，黑格爾、耶穌基督、釋迦摩尼這些人的理論還有存在的意義嗎？但是，這些人對世界文明的發展影響最大，我想這是同學們需要注意的。人的天性體現在對物質欲望的追求，對建立組織規則的要求。如何執行規則，由誰來執行，在中國古代就要效法天理，在現代不也是要這樣嗎？起碼其思考的方式有其相似之處。第二，任何社會，古今中外，只要有人類社會，那麼其生存資源是有限的，但是人的欲望是無窮的，人類前進的步伐也是不會停止的，在這樣一種情況下，只要資源有限，就必須要確立一個規則和一個有序的制度，否則這個社會無以為繼。中國古代社會是以倫理和血緣關係為紐帶建立的，這種等級秩序強調男尊女卑，長幼有序，所以在那個時代，人是不平等的，但現在社會，雖然「人在法律面前一律平等」，但大家可以想一想，在制度安排中，大家能平等嗎？顯然不能。在大學裏，你不可能與老師完全平等，也不可能與校長完全平等，更不可能與主席、總理完全平等；在資源的獲得上，你能完全與別人平等嗎？有些人一出生所獲得的資源是你窮極一生也很難企及的。所以，在古代，統治者也要建立一個文明的、有秩序的社會，在這裡面，司法作為控制、緩解和化解衝突的一種方式，它必然要去回答一個問題，也就是：生活在這個文明秩序當中，人的生命、財產、價值尊嚴要不要受到尊重？因為人的生命、價值體現在現實生活中，必然和司法密切相關，這樣一來，我下面就重點要講的是，宋代司法傳統中的理性體現在宋代的司法理念上，表現為哪些方面。

二、宋代司法傳統中的理性

中國古代社會、傳統文明的核心價值觀是以人為本、主張和諧。在諸子百家裏，管子說：「夫霸王之所始也，以人為本，本理則國固，本亂則國危。」儒家就更不用說了，孔子以仁來揭示禮，孟子主張「仁政」，這都體現了先人的民本思想。在中國的傳統文化中，民本思想是對人、生命和價值的一個基本尊重。中國傳統文化雖然是一個倫理文化，但卻是以人為本的，因為建立和諧社會是儒家的治國理想，而且《論語》裏也說：「禮之用，和為貴。先王之道斯為美。」我國現在建立和諧社會的提法，在中國古代社會也是一種理想。但是大家要注意，這個民本思想，體現的是統治者在司法中，要推行仁

政。民本思想有很多表達形式，比如在宋朝，宋太宗就對官吏說：「爾俸爾祿，民脂民膏，下民易虐，上天難欺」，這就是一種民本思想。我到過鄭板橋當縣令的地方三濰縣，當年，鄭板橋就有詩云：「衙齋臥聽蕭蕭竹，疑是民間疾苦聲；些小吾曹州縣吏，一枝一葉總關情。」這就是一種仁愛意識，民本思想，表現在司法上，就體現為對生活在現實中的人的生命、價值、財產的尊重和保護，這成為宋代司法必然要考慮的一個問題，所以宋代的司法理念，是圍繞著司法審判（在宋代叫獄訟、斷獄）展開的。司法、法官這些聽起來屬於現代的詞彙絕非僅僅來自於西方，這些詞彙在中國古籍裏都能找到。在宋代的司法判詞裏，這些詞彙都是大量出現的，只是這些詞彙的含義與現在的概念存在或多或少的差異。我這裡還要強調，我們所講的宋代的司法理念，是圍繞著獄訟、審判為中心展開的，這就必然促使我們進一步思考，怎樣在司法活動中去選擇法官，從而把這個民本思想落實到司法活動中去，法官應該具備什麼樣的素質，什麼樣的人格，法官和皇帝怎樣去看待老百姓。前面指的是司法主體，後面指的是司法的對象，即老百姓。因為在中國古代，百姓雖然不是司法的主體，但統治者也是十分看重老百姓的，只不過不是從民主、自由、權利的角度去看的，而是從如何維護本階級的統治的角度著手。所以，我認為司法理念包括三個方面的內涵：一是宋代的統治者如何看待審判。宋代有一些皇帝對法律是比較清楚的，我給大家舉一個例子，宋太宗曾經說過：「法律之書，甚資政理。人臣若不知法，舉動是過，苟能讀之，益人知識。」翻譯成現代漢語就是說，法學著作蘊含著豐富的法學理論，這些理論對於國家的治理非常有幫助，臣子若不懂法，那你的一舉一動都可能犯錯，假如你讀了法學書籍，你會變得聰明，有智慧。宋太宗還指出：「庶政之中，獄訟為切，欽恤之意，何嘗暫忘。蓋郡縣至廣，械繫者眾，苟有冤抑，即傷至和。」在國家的政治生活中，審判是頭等大事，我們一刻都不能忘記，為什麼這樣講？因為開國以來，宋太祖和宋太宗面臨的是五代十國曾經濫殺無辜的局面，他要掃除這個局面以維持穩定的社會秩序。太祖太宗雖然是靠武力奪取天下的，但建國以後，他們馬上開始重視文人，重視知識分子。大家如果讀宋代的書的時候，會發現一個奇怪的現象，在太祖、太宗、真宗的時候，御史們大量被皇帝派往各地區平反冤假錯案，審理重大的、複雜的案件，這是皇帝對司法理念的認識，這種認識在士大夫那裡反映相當強烈，士大夫們都把獄訟看做是關係百姓生命的頭等大事，宋慈就認為：「獄事莫重於大辟，大辟莫重

於初情，初情莫重於檢驗。」〔註2〕對於法案現場的勘察關係到百姓的生死，關係到冤屈是否能夠得到伸張。根據這樣一個觀念，接下來，你需要考慮的是，既然審判是頭等大事，那麼這其中貫穿的理想是什麼呢？就是要使天下無冤案、無冤民，乃至囹圄空虛。當然這也僅僅是一種理想了，上天都做不到，我們人也不可能完全做到了。第二，同學們需要進一步思考一個問題：要達到司法審判的公平，參加司法審判活動的主體——法官是最重要的，那麼這個主體應該具備什麼樣的知識呢？我們如何來看待司法的主體？在這裡，我告訴大家一個基本常識，宋代的司法主體，就是讀儒家之書的士大夫們，這個群體有幾個很重要的特徵——既不同於漢朝，也不同於後來的元、明、清，一是他們主要都出身於於中小地主以及自耕農；二是做法官都必須參加「司法考試」，如明法科、新科明法、試刑法等。「司法考試」不僅要求應試者修習律令，還要求熟讀儒家義禮、通曉歷史，這在蘇軾、歐陽修身上都有很明顯的體現；三是他們必須十分重視百姓的生命和財產。面對百姓這樣一個司法對象（在古代，儘管貴族之間也可能發生訴訟糾紛，但是主要的訴訟糾紛來自於普通的老百姓之間），宋代的法官們絕非一般的書上所言的那種「父母官」的形象，他們必須要在分清是非的基礎之上，兼顧天理、國法、人情進行判決。

三、宋代司法制度及其運作機制

接下來，我們需要考察的是宋代的司法制度以及運作的機制，這些制度及運作機制是否能實現司法的公平、公正呢？宋代的司法制度組織嚴密，這主要反映在州級司法和中央司法上。宋代的地方司法機關，從地域上來劃分，首先是縣，縣這一級分為三個官員，一是知縣縣令，宋代的縣，一千戶以上就設縣令，二是縣令下面的縣丞，第三個是主簿（相當於現在的秘書長），縣這一級，權力較小，只能掌管徒刑以下的案件，對於徒刑以上的案件，縣可以協助州查明案件事實，由州來做出判決，州這一級就可以裁斷徒刑以上乃至死刑案件，州級（與州同級的機構還有府、軍、監）司法審判事務由州的長官即知州事、知府事和軍監掌管。為了控制司法和監督地方官吏，在各州特設通判，作為州的副長官。全州的行政公事都須經過通判，才得施行。同時，朝廷還選派幕職官員，如判官、推官等，以佐理知州，處理全州的行政和司

〔註 2〕參見（宋）宋慈：《洗冤集錄序》，載高隨捷、祝林森譯注：《洗冤集錄譯注》，上海古籍出版社 2016 年版，第 1 頁。

法事務。其掌管檢法議罪的，有司法參軍；掌管調查審訊的，有司理參軍。為了使司法公平，宋代在州這一級，組織嚴密，司法機制互相制衡，大體上來說，可以分為三個分明的階段，第一個階段是偵訊，相當於預審，這個一般由司錄參軍來進行。州設置了兩個監獄，州院與司理院，皆掌刑獄，古代的監獄和現在不一樣，古代的監獄把證人、已決犯、未決犯統統地關起來。在審訊完成之後，他們（司錄參軍）不能做出判決，但可以向州長官提出建議，判決的最後決定權在知州，縣將調查案和案犯卷送到州，這一程序叫「結解」，然後由州來進行判決，在這裡大家要注意，第一，根據宋代法律規定，案件的承辦人員和決定案件判決的長官負有連帶責任，如果發現錯案，要分頭追究各自的法律責任，通過這種方式，各個部門和官員就起到了互相制衡的作用，如果錄事參軍在辦理案件的過程中，不同意知州的意見（這在宋代的史料中有很多的案例），則可以單獨提出司法建議，附在判決書上。後來發現有知州所判決的冤假錯案時，如果當時錄事參軍的司法建議是正確的，他就可以免除法律責任，這就是州一級的司法運轉機制。到了中央，有大理寺、刑部、御史臺（宋代初期，還有審刑院），這三者之間也存在制衡的關係。總的來說，宋代的司法組織較為嚴密，司法體制運作中體現了制衡的因素，宋人對此有概括，南宋的司法官員周林就說：「獄司推鞫，法司檢斷，各有司存，所以防奸也。」另一個是南宋大理寺的司法官員汪應辰也有類似的看法。在預審、判決的問題上，有一個互相監督和制衡的機制，一旦發生冤假錯案，就必須另派官員審理，叫「翻異別勘」，這種制度主要體現在刑事案件中（在古代雖然刑、民沒有嚴格區分，但在審理過程中大體上還是存在區別的），婚姻、財產糾紛等案件一般不適用該制度。總體而言，大的刑事案件，是通過鞫讞分司制和翻異別勘制來進行的，民事案件則「先憑干照，既有干照，須問管業……」，宋代的民事司法審判，十分重視契約等書證的審查判斷，總體上而言，宋代的民事活動是有一套完整的民事法律制度支持的。南宋胡穎認為：「大凡官廳財物勾加之訟，考察虛實，則憑文書，剖判曲直，則以條法。捨此而臆決焉，則難乎片言折獄矣。」

四、宋代的審判原則

在宋代的審判原則中，依法判決是其首要原則，中國古代的理性體現在司法判決上就是依法判決。如《宋刑統》第三十卷《斷獄律》中規定：「諸斷

罪皆須具引律、令、格、式正文，違者，笞三十。若數事共條，止引所犯罪者，聽。」並且宋代有大量的案例可以佐證，如《名公書判清明集》中所列舉的判決書絕大部分都是在據引法律條文的基礎上裁斷案件，這是一個不爭的歷史事實，但為什麼有人認為，中國古代的司法（包括宋代）是一種「卡迪式司法」呢？其基於的理由就在於後面的這個原則——參酌情理，這一原則包括了天理和人情兩個方面，因為宋代的理性具有「倫理性」，道德理性必然要求在依法判決之上宣揚儒家的民本思想、仁政觀念、倫理道德，但大家一定要注意，這裡的天理和人情是對依法判決的補充而不是顛覆，從某種意義上來講，天理就是人情，但是人情在宋代司法的具體考量中，往往體現在案件的具體情節之中。在宋代的案件中，往往存在很多具體的情節，比如典賣土地，需要交割，有人將土地典賣之後，按照規定過了 20 年，就不能再贖回來了，但她是孤兒寡母，或者年事已高還要照顧年幼的孫子，這個時候就需要考慮這個情節，因為如果土地不能贖回來，那這些孤兒寡母就失去了生存的來源，從這個角度上來講，我個人以為，法與天理、人情是在綜合的基礎上進行運用的，天理、人情是對法的補充而不是顛覆、更不是代替，為什麼這麼講？理由在於，中國是一個成文法傳統極其悠久的國家，自古以來，法官判案都必須引用法令，法官若不遵循這種做法，就要受到處罰，民事、刑事案件均是如此。在宋慈的《洗冤集錄》裏，關於檢驗，宋慈就總結了宋朝的二十幾條法律。宋代司法審判的第三個原則是不僅僅是關注口供、證人證言，也十分重視書證和物證，這使得司法更加客觀公正。

五、宋代的司法經驗

最後，我要講的是，宋代的經驗在司法上體現在哪些方面呢？經驗實際上是宋代的司法官員在審判過程中總結出來的一套實踐經驗，包括實地檢驗、疑難案件的認定、書證物證的搜集以及辨別真偽的一些心得體會，這些可以用來指導一般的司法活動，宋慈的《洗冤集錄》就是宋代司法經驗的一種最具有代表的體現。經驗以文字的形式記載下來，以幫助指導司法實踐，這種總結司法實踐經驗的形式，主要有如下幾個方面的體現：一是對判例、辦案經驗的搜集整理，如《名公書判清明集》等；二是法醫學著作的出現，典型的就是宋慈的《洗冤集錄》，這些都是司法經驗的總結。這些經驗還體現在司法的具體技術上，在疑案雜說（《洗冤集錄》第 5 節）裏，宋慈曾提過兩個案例，

一個是甲、乙涉激流過河，甲身強力壯，乙略顯單薄，但乙身上帶有財物，甲對乙起謀財害命之心，在過河過程中，甲把乙摁到河裏將乙溺死，在這件案子裏，就兩個人，沒有其他旁證，這時候就必須重視物證的綜合運用，此案如何斷？宋慈有一個總結：一要考察甲、乙的身體強弱狀況；二要看甲、乙各自是否有劣跡，平時的所作所為如何；三要看現場是否有掙扎的痕跡，身上是否有傷，肚子裏是否有泥沙等等。第二個案例是，甲有個外甥和鄰居一起上山開荒，兩人兩天未歸，後來兩人屍體被發現了，一個死在屋內，一個死在屋外，屋外的人面部受傷，頭上受傷，判斷是利刃致死，屋內的人後腦袋受傷，根據這種情況，大部分人（包括法官）都判斷這兩個人是互毆致死，而非他殺，為什麼呢？他們的推理過程是，外面的人先被屋裏的人所殺，然後屋內的人又自殺了。後來有一個檢驗的官員提出了異議，認為死在屋內的人不可能是自殺的，因為他是因後腦被利刃傷害致死的，如果是自殺，那就意味著他拿著刀朝自己的後腦勺坎，這顯然不符合常理。這位官員的這種判斷，實際上就是一種經驗的總結。歸納起來，這種經驗體現在檢驗的技術、辦案的心得體會上。民事案件裏同樣也存在經驗的判斷，比如欠債之訴，法官肯定要對契約的真偽進行具體的調查，這裡面也有一個經驗的總結。

六、結論

在講座的末尾，我想用一首打油詩來表達我的結論：

莫言積弱是宋朝，法制成就它最高。

鞫讞分司是特色，民給斷由勝唐朝。

依法判決尚理性，宋慈、王炎是代表。

更有皇帝多識法，法官選拔智慧高。

總之，讓我們尊重傳統，同情古人，學習法律史、尊重法律史。謝謝大家！

宋代司法傳統及其現代意義〔註1〕

　　我們討論的主題是中國古代司法傳統與現代的關係，這是個很有歷史深度與現實意義的課題，也是一個見仁見智的話題。在這裡，我僅僅想就宋代司法傳統的特徵及其在現代的意義談幾點看法。

一、何謂宋代司法傳統

　　欲明司法傳統，須先言司法。司法在學界有狹義、廣義之別。狹義上的司法，僅指近代三權分立為基礎憲政體制下的法院獨立行使的審判職能，這是現代法治文明的一個標誌。廣義上的司法泛指各個歷史文明形態下，不同的國家機構處理訴訟糾紛的活動。本文在這裡所講的宋代司法傳統中的「司法」是在廣義上使用的，因為狹義上的司法在中國古代本不存在，宋代也不例外。

　　再說傳統。傳統是指個民族世代相傳、具有特點的社會因素，如制度、風俗、習慣等。所謂宋代司法傳統是指兩宋320年（公元960～1279）間所具有的、世代相傳的（用宋人的話叫「國家累聖相授」）、具有特色的裁判糾紛的活動和因素。如司法理念、運作機制、訴訟制度等。唐宋之際，中國古代社會結構發生了深刻變化。宋代社會的變遷及其歷史地位曾引起了中外學者的廣泛興趣及高度評價。日本京都學派的代表人物內藤湖南與宮崎市定認為：宋代實現了社會的進步、都市的發達、知識的普及。唐代是中世紀的結束，而宋代則是近代的開始。宋代的司法傳統則與此變化密切相關。

　　就訴訟理念而言，隨著宋代商品經濟的活躍及訟學、訟師的興起，與時

〔註1〕本文原載於《河南省政法管理幹部學院學報》2005年第3期。

代氣息密切相關的宋代司法主體——士大夫，已不再是漢唐時期那種只知「尋章摘句」注釋法律條文的迂腐儒生。他們的身上少了幾分倫常觀念的約束，平添了些許豁達和對民間疾苦的關切之情。故他們中間的不少人接受了商品經濟衝擊下的功利主義思想，在司法中不再一位地恪守儒家的宗法人倫觀念，而是注意在分清是非的基礎上，秉公處斷，乃至承認弱小卑幼、婦女、商人、下層民眾、接腳夫、別宅子乃至瓦舍勾欄中各個階層的利益。概括而言，宋代的訴訟理念有兩個突出特徵：一是在處理民事訴訟糾紛時，注意維護下層民眾的利益；二是在處理刑事訴訟糾紛時，注意權力的相互制衡。

二、宋代司法傳統的典型特徵

所謂特徵，即是個性。所謂宋代司法傳統的典型特徵，那是與漢唐、明清相比，宋代所獨有的司法個性，或其都有的司法運作機制。這個運作機制用簡明的語言來說，就是「分權制衡、鞫讞分司」，其目的是為了司法的公平。這不是我對宋代司法傳統人為地「現代化」，而是一個不爭的歷史事實。南宋的司法官員汪應辰與周林曾以明晰的語言對當時的司法運作機制加以總結，他們說：自建國以來，國家於司法上有一個代代相傳的特點，為了保障刑事司法中的事實清楚、罰當其罪，國家特在案件審理之初就於縣及州的司法中建立了一套「上下相維、內外相制」的審判制度，這套平衡機制從地方到中央，它保證了本朝司法的公平。關於這些體制的總結，宋人的原話為「上下相維，內外相制」，「獄司推鞫，法司檢斷，各有司存，所以防奸」。學界一般把此機制稱為「鞫讞分司」制，用我們現代的話來說，就是分權制衡，各司其職。

宋代史料記載，宋代的司法從偵查犯罪、逮捕犯人開始，到調查事實（即現代的預審），再到檢法議罪，直至州縣長官簽字宣讀判決書，都有一套分權制衡的機制。即偵與審（預審）不得由同一機構所為，審與判不得被同一職責人員統攬。此乃宋人為「本朝司法」自豪之所在。為證明我所言不虛，讀者諸君可耐心一讀《歷代名臣奏議》上的原文：

「國家累聖相授，民之犯於有司者，常恐不得其情，故特致詳於聽斷之初；法之施於有罪者，常恐未當於理，故復加察於赦宥之際。足以參酌古義，並建官師，上下相維，內外相制，所以防閒考核，纖細委曲，無所不至也。蓋在京之獄，曰開封、曰御史，又置糾察司以紀其失；斷其刑者，曰大理，曰刑

部，又置審刑院以決其平。鞫之與讞者，各司其局，初不相關，是非可否，有無相濟，無偏聽獨任之失，此臣所謂特致詳於聽斷之初也。至於赦令之行，其有罪者或敍復（重新錄用）或內徙，或縱釋之。其非辜者則為之湔洗，內則命侍從館閣之臣，置司詳定，而昔之鞫與讞者皆無預焉。蓋以獄訟之初，既更其手，苟非以持平強恕為心，則於有罪或疾惡之太甚，與非辜者或遂非而不改，故分命他官以盡至公。此臣所謂復加察於赦宥之際。迨元豐中更定官制，始以大理兼治獄事，後刑部如故，然而大理少卿二人，一以治獄，一以斷刑。刑部郎中四人，分為左右，左以詳覆（覆查核實），右以敍雪（平反昭雪）。雖同僚而異事，猶不失祖宗所以分職之意。本朝比之前世刑獄號為平者，蓋其並建官師所以防閒考核者有此具也。」〔註2〕

三、宋代司法傳統與現代的關係

關於傳統與現代的關係問題，是近代中國一百多年來仁人志士特別是知識分子縈繞於懷，揮之不去的一個情結。於學術研討上須平心靜氣，理性地分析傳統，認真地思考現實。我的基本看法是：傳統與現代密不可分，現代與傳統之間有著傳承關係。尊重傳統而不沉湎過去，學習西方而保持警醒、反思之態，是我們處理傳統與現實關係時應有的一個基本立場。申言之，我的基本看法有二：

第一，尊重傳統，闡釋傳統，激活傳統，是我們這一代學人義不容辭的歷史責任。

當代法制建設，特別是我國的司法改革，離不開對中國司法傳統的總結、反思與繼承。宋代司法傳統中的「分權制衡」——即「鞫讞分司」制以及裁決民事糾紛時對下層民眾利益的關注均應引起我們特別的重視。宋代的「鞫讞分司」制，雖不是現代意義上三權分立、司法獨立的制衡機制，但這並不意味著宋代的分權制衡機制就無歷史的借鑒意義可言。法國比較法學家勒內·達維德曾言：「在法的問題上，並無真理可言，每個國家依據各自的傳統自定制度規範是適當的。但傳統並非『老一套』的同義語。很多改進可以在別人已有的經驗中汲取源泉。」〔註3〕達維德這裡所說的「改進」，其實就是指對

〔註2〕（明）黃淮、楊士奇編：《歷代名臣奏議》卷二一七，第3冊，上海古籍出版社1989年版，第2852～2853頁。

〔註3〕（法）勒內·達維德：《當代主要法律體系》，為中譯本序，漆竹生譯，上海譯文出版社1986年版，第2頁。

傳統的重新解說與闡釋。意大利史學家克羅齊曾言「一切真歷史都是當代史」，這是克氏對時代的感受。不同的時代感受改變著人們對歷史文本的理解，不同的時代也有著不同的話語。過去的已經死了，宋代的歷史及司法制度早已化作歷史的陳跡，問題在於我們現代的人該怎樣用自己的心智點燃靈感的火花，去激活那些埋在歷史塵封中的記憶呢？

就宋代司法傳統而言，「鞫讞分司」與「三權分立」固不可同日而語，「各有司存」也不是現代的「司法獨立」。但是當我們用虔誠的心靈去感受那段古老的歷史，用今人的眼光及話語去解讀那段文字時，我們似乎會驚奇地發現：在那歷史文本的背後，湧動的分明是宋人「尊重生命、重視刑獄」的「人文精神」。我們亦似乎也可以通過對那段歷史文字的解讀去把握宋人貫穿於司法中的「公平、正義精神」，這不正是我們現代司法精神的希求嗎，歷史與現代不正是於此形成視界的融合嗎？

研讀宋代的史料，我們對於宋代司法制度制衡機制的精妙常感驚訝：何以那個時代有如此的規定與司法理念呢？但細讀史書，我們似可於此釋懷了。那是因為「以人為本，關注生命」本就是中國文化人文精神的悠久傳統，只不過宋代表現的更加突出罷了。所以日本學者京都學派的代表人物宮崎市定才認為：宋代的司法機關權力分治，司法特別重視人的生命，具有近代的因素和特點。

第二，學界那種輕忽中國古代司法傳統的傾向是偏頗的，也是不符合歷史實際的。

在當今的法學界，不同的學者根據不同的文本，用著自己喜愛的話語，對中國古代司法傳統有著不同的解讀方式，也有著觀點迥異的敘事方式。在有的學者眼裏，中國古代司法除了專制、不重視權利、司法黑暗及殘酷之外，別無新意，更無可資傳承的資源。其實，這是對中國古代司法傳統的嚴重誤讀，更是對自家歷史缺乏真實記憶的一葉障目之見。

美國著名大法官霍姆斯說過：「理性地研究法律，很大程度上就是研究歷史。」學界通常以為，這裡所說的歷史僅僅是指西方而言，與中國歷史無關，中國司法傳統對於現代法學無可借鑒，這實在是對歷史的誤解。僅就宋代而言，司法中不僅有著分權制衡的機制，「以人為本」的訴訟理念。而且還在司法審判中第一次發布了保護「版權」的法令，清人葉德輝就說過「翻

版有例禁始於宋人」。〔註4〕

　　著名世界史專家馬克・布洛赫曾言：「歷史學以類的活動為特定的對象，它思接千載，視通萬里，千姿百態，令人銷魂，因此它比其他學科更能激發人們的想像力。」誠哉斯言！這一判斷對於中國古代司法傳統的現實意義而言也不例外。讓我們重視對中國古代司法傳統的總結、闡釋、解讀，並賦予其時代的新義吧！

〔註 4〕葉德輝：《書林清話　書林餘話》，書林清話之卷二，嶽麓書社 1999 年版，第
　　　　31～36 頁。

理論與實踐——宋代法官是怎樣審理田宅訴訟的？〔註1〕

前言

　　四年前我曾經給《律師文摘》寫過一篇卷首語，在那上面我就說「人過五十，身居鬧市，晝讀古籍之書，夜與宋人夢語。宋代的訟學、訟師、法官、法理、司法是我關注的課題，而現在的律師、司法制度改革反倒使我陌生起來。」同學們一定會問我，為什麼會對宋代的法制、司法傳統情有獨鍾呢？下面我就來談談這個問題。

　　這個講座應該說是我的宋代司法傳統專題研究之一。我曾經給我的系列講座起了一個名字：「傳統悠悠入夢來——宋代司法傳統在現代中國的命運」。張晉藩教授是我的導師，上個月中國政法大學剛剛為張先生舉行了執教六十週年暨張晉藩教授八十華誕慶典，其中有我寫的一篇文章就叫「傳統悠悠入夢來」，講中國傳統法律的價值及其現代意義，在文章的結尾，我寫了一首打油小詩，實際也是寫我個人心路歷程的，今讀來供大家飯後之餘一笑耳，叫作「心門實為史學開，傳統現實兩徘徊。問君何得書中醉，傳統悠悠入夢來。」

　　今天上午我要講的題目是宋代法官是如何審理田宅訴訟的，其實講的是三個方面。一是宋代司法理念，二是宋代法官審理田宅訴訟的實踐，三是宋代法官審理田宅訴訟的程序及原則。這三個內容同學們不必一一記住，學術講座試圖給人兩個東西：一是知識，二是啟迪。至於歷史的具體知識，記住

〔註1〕本文為 2010 年 11 月在中南財經政法大學「學術前沿」講座上的演講稿。

更好，記不住也罷，因為歷史上的知識有很多，記得越多，瞭解的越多，一個人的知識系統就越豐富。但是並非所有的歷史知識都會給你帶來現實的社會效益，有的歷史知識，像宋代田宅訴訟中的「干照」、「斷由」都是特有的名詞，知道不知道也不影響你的生活，因為它離我們已經太遙遠了。

在講三個問題之前，我要說明一下我為什麼對宋代情有獨鍾呢？過去有人說，人沒有無緣無故的愛，也沒有無緣無故的恨。為什麼愛宋代如此深情？許多人不感到詫異嗎？其實我告訴你有三個因素，大家看我寫的這個（指板書）：「曾慕臨川，遍睹史籍抒己見，近追先生（恭三），不逐流俗法新意。」臨川是宋朝的王安石，王臨川；這個先生指的是鄧廣銘，鄧先生是宋史研究學會的會長，字恭三，但我不是他的學生，鄧先生的學生很了不得，我這一生也沒有在鄧先生門下讀書，只能說是私淑弟子。或者說，比較羨慕先生的為人，治學的品格，他對我研究宋代影響很大。不逐流俗法新意這是一個很高的境界，其實要做到，是不容易的，現在也沒有做到，為什麼呢，一是抒己見，二是法新意，這兩點作為學人都是不容易完成的。獨抒己見，表法外之意，不逐流俗，這是當年的章學誠為自己的學術立的一個目標，章學誠是清朝乾隆時期的大學問家。他講的治學的一個境界。這個境界我們只是嚮往而已。一個人要有自己的志向和興趣，學術是講究個性的，范老師講信訪，我來講就不會講信訪。信訪不是我研究的對象。我生活在現實之中，問題意識是現實的，學術研究卻是專業的。當然我決不是說范老師講信訪就不好，他講信訪講得生動深刻，也傾倒你們諸位學子。但是它離我的學術專業很遠。

鄧廣銘先生治宋學，研究宋代各個領域，產生了極大的影響。鄧先生是山東臨沂人，出生於 1907 年，卒於 1998 年，他是一個長壽的學者。為什麼說鄧先生影響很大，鄧先生講他一生有三個人對他影響最大。一是胡適，二是陳寅恪，三是傅斯年。傅斯年後來到臺灣當臺灣大學校長。臺灣的學者對他非常尊重，他是山東聊城人。作為史學家他有一句名言，叫做「上窮碧落下黃泉，動手動腳找東西」。這是傅斯年先生講的，實際上他是繼承德國蘭克學派，強調史料對於史學的重要性，把歷史文獻當作治史的基礎。

關於鄧先生，我可以給大家講三個小事，一個是當年的周作人曾到山東鄧先生所讀書的高中去演講，他後來回憶說他自己的演講漫無頭緒，也沒做準備，完全是信手拈來，講到哪說哪，就像我的開頭一樣，但是下面有一個青年學子等他講完之後說，周先生，這是你的演講，我已經把它整理完畢，

周作人看了看這個整理，他覺得這個學生的整理把他的思路整理的異常明白，而且文章非常簡約而又優美。周作人的講演稿發表之後，就把稿費送給了這個青年學生。這個青年學生就是後來報考北京大學的鄧廣銘老師。周作人的名氣很大，在鄧先生到北大讀書之後，適逢胡適做校長，他就做了胡適的助手，鄧先生在三十多歲的時候寫了《宋史職官志補正》，還寫了《宋史刑法志考正》，大家知道，二十四史有一個題材叫志，寫志是最難的，所謂志都是講一個朝代制度的沿革，講制度的沿革要追本溯源，要講它的流變。沒有幾百年的歷史眼光是做不了志的。所以中國古代有一個史學家說，一般的史家都可以寫本紀寫人物傳記，唯有寫志最難。做志非通儒所不能為者。二十四史有刑法志、食貨志，講制度的沿革。鄧先生能夠寫《宋史職官志補正》《宋史刑法志考正》，去補宋史職官志、刑法志的缺陷，（當時只有）三十二歲啊，同學們有沒有這個能耐呀？一般的來說，你不要說去補，你連看懂都看不懂，更不知道它錯在哪兒，從何而補啊？所以，陳寅恪看了他的書之後對他大加讚賞，說諸史之中，宋史最繁，二十五史包括清史稿，宋史最為繁雜，宋史簡裝本排在書架上是二十四史中最為龐大的一部。而宋史又錯亂訛誤甚多，一般的人讀且煩，更不要說為其補齊罅漏，他說這個年輕人鉤稽之廣，思維之密，殆無過矣。說以後新宋學之建立，必從鄧氏始。要從鄧氏開始，你看陳寅恪那時期也是大牌教授，竟對鄧如此期許。

鄧先生所處的時代是在抗日戰爭時期，他 1907 年出生，三十來歲正是日本侵華之時，面對的是山河破碎與亡國滅種指日可待的國運，對此鄧先生該如何想？我們說，一個人研究的視角與人的秉性和他所處的時代以及周圍對他的影響密切相關。所以，鄧先生他就對辛稼軒也就是辛棄疾發生了濃厚的興趣。為什麼，因為大家讀辛棄疾的詞都知道他是豪放派詞人，是主張抗金的，所以鄧先生就對辛棄疾非常感興趣。寫《辛稼軒年譜》（板書），一般的學者，尤其是治學不深的人是做不了這種學問的。研究詞學，研究古代詞學我們國家最屬害的一個學者叫夏承燾，是杭州大學的，他早在民國時期三十年代就是一個著名的教授，大牌教授。鄧先生在三幾年到西南聯合大學去讀書，經河內、昆明到達杭州，向夏承燾求教，夏承燾看了他寫的《辛稼軒年譜》之後，大為感歎，說見此青年之後老夫再也不做辛稼軒的研究了。這更是一個了不得的期許。因為當時鄧先生才三十二歲。這樣一個三十二歲的青年屢屢受到這些大家的期許讚揚和提攜，這就說明鄧先生天資聰穎，對史學情有獨

鍾。鄧先生治學嚴謹，大體有二程之中小程的氣象。知道二程吧？程顥、程頤那可是我們河南人啊！（笑聲）洛陽二程，二程治學是什麼氣象啊，黃宗義對二程曾經有個評價，說大程德性寬宏，規模廣闊，有光風霽月之懷，胸懷非常寬闊，為人慈祥，對學生非常關愛。那種關愛是非常慈祥的關愛，就像張偉仁老師，非常謙遜。小程就不一樣，小程氣質剛方，學理密察，有孤峰峭壁之體，二人造德各殊，而為道一也。在對學生培養的德性上一個嚴厲，一個慈祥，但是他們都對追求學問做出了重大的貢獻，當然二程的學問是很大的了。我研究宋代，曾經到郟縣，敬仰蘇軾之文字，曾於三蘇墳前弔東坡，而慕二程學問之氣象，我去過嵩陽書院追二程。我陪張晉藩老師去過嵩陽書院兩次，後來我自己也去過。嵩陽書院是二程講學的地方。鄧先生就有點像二程中的小程。

　　鄧先生在九八年去世之後，學界寫了一首輓聯，「國學失導師，學子南北哭先生，直道挺儒林，矯俗惟憑孤劍勇。」鄧先生臨終時自己說：一生不願意追逐世俗，寫文章治學老想獨發新意，當然鄧先生史料工夫十分了得，寫考證、箋釋出身，他自己說，我一輩子都在與別人論戰，與年輕人論戰，與老一輩論戰，與我同時代的人論戰，文章可能有錯，但都是發自己見，這可不得了，所以鄧先生寫的文章用的題目都是我們現在不敢用的。譬如說，《南宋陳亮葉適是功利主義學派的確解》，你敢不敢用，是不敢用的啊，我們一般地說，都是什麼什麼的淺說，或者是說略，或者說是試論，或者是論稿，他這叫確解，七八十歲時寫的文章。的確的解釋，正確的解釋，確實的解釋，叫確解。北大張岱年先生帶的一個博士叫陳來，在鄧先生去世後，寫了一篇文章，叫做《醉心北大精神的史家——鄧廣銘先生紀念集讀後》，發在《讀書》上面，大家有興趣可以去看。這是一個影響。

　　第二是對於宋代士大夫群體精神的關注，以及我讀史書對宋代文化的瞭解，使我對於宋朝比較感興趣。說到宋代，大家都瞭解，就是北宋和南宋。一個大體的時空觀念是，北宋有多大的國土面積呀？北面是山西代縣、雁門關一帶，西到延安西邊，現在的三邊，再過去就屬於西夏了。西南到雲南，北宋的國土面積大約是 280 多萬平方公里，是大還是小？在中國歷史上她不是漢唐之盛象，中國自古就是大一統的國家，和歐洲一些國家相比，280 萬很大，超英趕德。南宋 170 多萬平方公里，北宋時人口徽宗時最多達到一億多人口。但是宋代有一個重要的氣象，文化發展被史學家和學界稱為是頂峰時期，陳

寅恪說：中國文化造極於趙宋之時，大家一般瞭解到的唐詩宋詞，還有唐宋八大家，唐宋八大家有六大家在宋朝，誰不知道三蘇、歐陽修、王安石、曾鞏這些人呢？影響太厲害了。歐陽修一代文豪，蘇軾那支筆是你讀到博士後也比不了的。（笑聲）。蘇軾一生沒有不可以表達的東西，什麼東西到蘇軾手下，表達的淋漓盡致，這是一個了不得的大才子，蘇東坡。人民大會堂掛古人的條幅，一人能掛三幅的，中國歷史上惟蘇軾一人也。現在的文赤壁、武赤壁，文赤壁實際上看的就是蘇軾的詞，大江東去浪淘盡這些詞，因此錢鍾書老師曾經說，少年意氣風發，你們讀碩士的都是青少年，二十幾歲的青年意氣風發，遂學唐詩，及至暮年，才染宋調，宋代的文化被稱作哲學的老人，它的運思之縝密，包括程朱理學，影響之深遠，在中國文化上獨樹一幟。

士大夫群體又具有一個特有的胸懷，我讓學生做的 PPT 收集了一些人物的頭像，北宋著名的士大夫群體象范仲淹、歐陽修、王安石、蘇軾都是大家耳熟能詳，他們有個什麼樣共同的精神呢？日本學者做了一個概括，說宋代士大夫的主流意識是「先天下之憂而憂，後天下之樂而樂」，最重要的意識是天下擔當的意識。宋代士大夫群體的主流價值觀念就是以天下為己任的一種社會擔當意識，是最了不起的。日本學者、中國學者很多人專門去探討這個問題。我在博士期間寫的論文就是「士大夫與宋代司法傳統」，專門考察士大夫這樣一個群體，這個群體對我的影響也是比較深的。

再一個我們再來看近代的大學者、政治家嚴復怎麼評價宋代的？嚴復又叫嚴幾道，嚴又陵，他說中國社會現代的這種現象十有八九是來自於宋朝。「古人好讀前四史，亦以其文字耳！若研究人心政俗之變，則趙宋一代最宜究心。」古人好讀史記、前漢書、後漢書、陳壽的三國志是因為它們文字優美，若論中國政治、社會變革之影響，他認為十有八九來自趙宋之時。再來看大家都比較熟悉的一個學者，前些年非常風靡一時，就是美籍華人學者黃仁宇，他有一本名作（指《萬曆十五年》）。現在搞刑事訴訟法的、民法的，但凡讀點書想在學術上有點新意的人，都會說，讀讀《萬曆十五年》吧。黃仁宇先生說，中國的朝代每個各有不同，而以趙宋最為顯著，趙宋為最甚，它的時代特徵最為明顯。還有葛兆光老師，大家知道葛兆光教授嗎？他的《中國思想史》說中國現實生活中的思想、道德、倫理、風俗不是漢朝的，不是唐朝的，多數是宋代遺留下來的。再就是余英時先生，他在《朱熹的歷史世界》這部名著中說，宋代士大夫的主體自覺意識，既表現在文化上，也表現在政治

上，是漢唐及明清的士人所不及的，這都是學界對宋朝的評價。

以上這些是學術上的分析，還有一些來自於社會生活中的感悟。我研究生畢業之後就一直在河南大學，而河南大學就坐落在七朝古都開封，她現在是一個沒落又試圖新興的城市，在北宋的歷史上，它是世界上的大都市，可以比肩現在的紐約和東京。因為她那個時候有 120 萬人，中間有汴河、惠濟河各種河流縱橫，尤其是張擇端的《清明上河圖》，大家比較熟悉。這次去參觀世博會中國館，就見展出清明上河圖，現代化技術讓上面人物動起來了。

我畢業之後到了河南大學，我的導師當時問我，你到底以研究什麼為重點呢？我碩士畢業論文寫的是元朝的，為什麼寫元朝？因為元史在二十四史中除三國志外，它是篇幅最小的，先挑容易的下手。但是元史容易嗎？不容易，我寫的《元代的民事訴訟法規探微》，其實我一涉及才知道，元史研究是個世界性的學問。後來我想考元史的博士，聯繫了元史學會會長，南京大學韓儒林老師。他回了一封信很認真，說欲考元史博士，研究元史之學問，必在語言上有所突破，至少要懂四到五門外國文字。我一想我們本身先天外語基礎就有問題，我和范老師這些五幾年出生的人，外語在當時是比較糟糕的，考大學外語是參考分，到大學開始學 ABCD，光一個英語就夠我費勁的了，哪有時間讀波斯語，俄羅斯語，還有藏語、蒙古語，我就此卻步，在元朝（研究中），我就發表了兩篇文章，一是 1988 年的叫《大元通志與英宗新政》，發表在《江海學刊》上，這是我第一篇文章發表，當時高興得喝了兩場酒。（笑聲）。第二篇就是《元朝的民事訴訟法規探微》，發表在 2000 年的法史論集上，是我的碩士論文，中間很多觀點早已經被學界所採納，中國古代民事訴訟獨立成篇，我們這邊姚莉研究刑事訴訟，還有民訴的學者都說中國民事訴訟獨立成篇在元朝，我說這是我碩士論文中提出的觀點，其中一個章節考訂元朝民事訴訟獨立成篇的時間，後來就沒有再研究元朝，轉入宋代。

同學們可以看到，我的感受是一個人的興趣是和自己的稟賦、社會現實的關注乃至其他的因緣際會密切相連，正因為如此，我才進入宋代，研究宋代法律史。

研究宋代法律史，有哪些研究的視角、體會和自己的一些感受呢？我最早寫的一篇文章是 1989 年發表在《史學月刊》上的《兩宋法制歷史地位新論》，後來這篇文章被宋史學界汪聖鐸老師在《中國歷史學年鑒》上最早加以引用，2001 年包偉民主編《宋史研究百年》，其中《宋代法律制度》部分是戴

建國老師寫的，他把這篇文章收錄進去了，後來在九十年代初，我寫了《宋代海外貿易立法敘略》《宋代吸引外商的法律措施》等文章，後來就轉向宋代的司法傳統，士大夫和宋代司法傳統之間的關係。

　　就做學問而言，鄧先生一生最佩服的就是章學誠的一句話，我昨天上課也對學生講：章學誠認為治學問兩種途徑，「獨斷者多高明之見，沉潛者尚考索之功」，鄧先生對章學誠的推崇主要在章學誠治學的心胸和志向，心胸和志向其實就是我寫的這句話「獨抒己見，表法外之意。」就是他不從流俗。要做到這一點是不容易的，人治學當有這種志向。我研究宋代，在博士期間主要是把士大夫作為一個共同的群體，對士大夫進行研究來切入宋代的司法傳統和宋代的法律文化，其實這也是一個大的題目。

　　做碩士論文和博士論文有所不同，碩士論文應當是小題大做，博士論文題目可以稍稍大一些，用副標題來限制它，同學們會問小題大做是什麼意思啊？小題就是自己的選題在三年碩士期間以及自己專業領域範圍內，能夠操作它，能夠駕馭這個材料，小題就是操作手段和可駕馭，你不能動不動就寫中國傳統法律文化，中國司法傳統，這樣的大東西你不知道從何下手。所謂大作，就是這個小題能夠和大理論密切相連，從一個小的方面作為切入點，從宋代司法傳統中的一個訟師、訟學或者宋代司法傳統中的人，人有很多種類，士大夫是個群體，還有另外一個群體胥吏，還有茶食人，幹人，這些人又是一個群體，他們都是社會生活的下層，譬如說你寫宋代司法活動中的茶食人、幹人與宋代司法，你就要收集茶食人、幹人的材料，這是一個小的選題，你可以小處著手。

　　我一直要做的就是茶食人與幹人，他們之間的關係，與司法制度的關係，與司法傳統的關係，從這兩類人中來找材料，這個肯定是個有新意的選題，史學界對這個東西沒有研究，但是它有難度，是個小課題，以小見大，從這個出發可以分析宋代司法的傳統，宋代司法傳統特徵、精神。那麼這個問題就大了，司法傳統是個大的問題，怎麼看待它更是大的理論問題，怎麼評價它又和我們現實眼光密切相連。我想這可以叫做以小見大，小者可操作，是選擇的角度，可操作的視角，大者通過小彰顯其大理論、大的價值判斷，和我們現實生活密切相關，引起我們的反思。人不都是想出名，有的人一輩子治學讀書寫了很多東西，不為人所知，不出名，有的人寫了一篇文章就出名了，那就是與你選題和這種大理論是否掛上鉤密切相關。

一、宋代司法理念

　　我們下面來看，宋代的法官是怎樣審理宋代田宅訴訟案件的，這個內容實際上不是很重要。我給大家說，這樣的選題，重要的是，這樣的選題的潛藏意思是什麼，其實就是問題意識，你寫個東西，作一篇論文，或者一個演講，必然有一個問題意識，我的問題意識是有三個東西潛含在裏面，第一個宋代的法官是怎樣判案子，是否如學界人們所說的是屬於卡迪式司法，這個訴訟法學界，法律史學界，如賀衛方、高鴻鈞等教授在清華大學組織過學術研討會，我也作過主持人，張偉仁老師也參加過，賀衛方、高鴻鈞等都持有這樣的觀點，都認為中國古代的法官翻手為雲，覆手為雨，是卡迪式司法審判，想怎麼判就怎麼判，簡直是個大壞蛋，到現在外法史的學者還持這種觀點；第二個到底宋代司法判決有沒有一定客觀性與確定性；第三個就是當我們研究這些問題的時候，通過鮮活的歷史事實和具體歷史文獻材料來彰顯中國古代的田宅、婚姻、財產訴訟在社會生活中的地位，從而思考中國古代有沒有所謂的民事審判，是否有民法，民法的標準到底怎麼定，這就告訴我們：宋代的民法何以成為可能？我們是往這裡追問的。這是個潛在的東西，這個論證試圖去說明這個東西，這個論證處於探索之中，這裡面隱含著問題的意識和一些假設，但這個假設不能憑空的捏造，我一直在思考，世界上各個民族由於文化價值不同，對人的認識不同，它的法律價值判斷是不一樣的，中國古代沒有民事權利主體的概念，中國古代沒有民法典，但是是否說沒有民事法律生活呢？要結婚怎麼辦，男女是否可以沒有不通過結婚的程序要求就可以胡亂在一起生育子女，這不可能嘛。男女有了家庭，必須有規則秩序，有了財富之後怎麼看待，人死了怎麼分割財產，沒有去世前怎麼分家，這不都是中國老百姓過日子的邏輯與規則嗎？也就是說，過日子離不開婚姻、家庭與財產，而婚姻的締結、家庭的組合、財產的傳遞都必須遵循一定的邏輯與規則。只不過與西方相比，中國人的觀念與邏輯及其規則有所不同罷了。這個不同是什麼呢？觀念、規範與規範的性質。就觀念而言，西方重個人，中國重家庭；就財產制而論，中國是家產制，西方是個人財產制；就規範而言，大陸法系的西方多以法典規範人之生活，而中國則是法典與習俗兼備；就規範的性質而言，西方以私法為主導，而中國則是公私並重，不僅有以刑為主的法典，且有反映民事關係的鄉規俗例為補充。鄉規俗例在中國文化裏既是顯規則又是潛規則。人總要過日子的，所以學問一定是來自於對生活的

感受，學問如果不是和社會生活密切相關，這個學問是做不出來的，我個人有這種體悟，學問一定是來自於對社會生活的觀察、思考，生活就是過日子，怎麼過日子？做人，柴米油鹽，誰也離不開，離開了就是神，是大總統，做人的意義，在過日子中怎麼立身立其本，人與人之間區別不是古今、中外的不同，西方人黃頭髮，藍眼睛，中國人黑頭髮，黑眼睛，這是最根本的差異嗎，不是，最大的差異在文化，在於文化價值判斷，中國人與西方人的文化價值判斷不一樣。既然有這樣潛含的意思，我們看宋代的法官，宋代經常用法官、司法、法理這些詞。

中國古代「法官」這個詞，是指兩個意思，一個是各級司法官員，我在2006年在《法商研究》上發表文章涉及過相關問題的考證；第二是指鎮妖辟邪的道術之士，道教的道士搞辟邪的，也叫「法官」。我們要問的是，宋代的法官，他擁有什麼理念呢，誰可以成為司法主體。在中國古代社會，尤其是宋代，做法官的，用士大夫來稱呼最為合適。士大夫多是通過科舉考試，經過吏部主授或者皇帝考核任免的官員，他們讀儒家之書，具有儒家知識。但是宋代士大夫還有其他特徵，隨著國家官僚機器的成熟，加上土地私有制的發展和商品經濟繁榮，宋代士大夫關心政治、政事和吏事，即他們不僅是讀儒家經典的知識分子，同時他們還關心政治，關心社會現實，關心吏事，因為宋代士大夫的出身比漢唐三國魏晉不一樣，因為宋代科舉考試很成熟了，經過考證，宋代士大夫60%出身於庶民階層，中小地主加自耕農乃至貧困人家的子弟，通過勤學苦練，砥礪氣節和節操，通過科舉考試成為士大夫。古代的科舉制度在宋代完善，現在高考中的還有有體現，宋代的比如糊名，鎖院制度，謄錄製度。謄錄就是讓人謄錄試卷，防止批閱試卷者能認識考生筆跡，這個歷史上出現過，歐陽修想選拔曾鞏因為謄錄選拔錯了。所以宋代科舉考試完善了，完善了對誰有好處呢，完善對於庶族知識分子等中下層知識分子有好處，所以庶族地主出身的比較多，比如范仲淹，歐陽修，王安石的父親是個小縣官，范仲淹是母親改嫁，歐陽修從小跟隨母親在河邊沙灘上用蘆葦鍊字。後來還有王炎，活了八十多歲。王炎當過小縣令，是湖南臨湘的縣令。史學界把士大夫群體稱為複合型人才，即讀儒家經典和經書，為什麼要讀經書，在中國古代人看來，不讀經典是無以治國立身，杜佑說不讀經典無以立身，古代儒家知識分子要讀經書，曉孔孟之道，就像我們現在讀馬克思主義、毛澤東思想、「三個代表」和科學發展觀理論等一樣，官方意識形態

是最重要的部分，不可缺少，公務員就是要瞭解這些，怎樣立黨為公、執政為民。第二方面的就是對於政務工作的實際知識；第三就是法律知識。宋代有個司法考試，我們現在也叫司法考試。選舉志對宋代法律考試記載很詳細，要考宋刑統，要考案例分析，和現在司法考試很相似。士大夫作為主體，我們接著要思索，士大夫他們在司法過程中，怎麼完成國家完成賦予的職責，持有什麼樣的司法理念。司法理念大體分為三個層次，一個中國文化的大背景之下，宋代的司法理念，在具體的理念之上有個大理念，就是民本與仁政思想。中國文化有一個很大的特色，就是以人性善為基礎，強調組織國家，管理社會，必須以民意為本，以民為治國之邦本，這叫民為邦本，這句話誰先說的啊？管子有一句話：「夫以民為本，本固則邦寧，此霸王之始也」。富國強兵必須以民為本。後來儒家法家也講民本，儒家講「天視自我民視，天聽自我民聽」，「民之所欲，天必從之」，這都是《尚書‧泰誓》裏面的話。民本思想展開來說，就是把老百姓看作是國家治國的邦本。

　　君權與百姓之間的關係，古人有一個形象的比喻，即水能載舟亦能覆舟。民本思想在戲劇小說等文學作品中被稱為民心向背——得民心者得天下。你們看過《雍正王朝》一類的電視劇，皇帝都成為關心民瘼、愛民如子的大聖人，主題曲就唱到得民心者得天下。這種思想確實是來自於一個開明的君主，只要不亂來，就不敢忽視民心。這就是民本思想，又稱仁愛思想。它是制約君主專制的一個理念。就這個問題，中國的古籍讀五本就可以不再讀了，因為它們的主導思想就是講民本、仁政，內容大同小異。反映在司法上他們表現為什麼呢？民本思想包含著中國傳統文化對於人的尊重，對於人的價值尊嚴的尊重。孟子說：「貧賤不能移，富貴不能淫，威武不能屈。」要養天地浩然之氣。孟子還講：「生亦我所欲也，義亦我所欲也；二者不可得兼，舍生而取義者也。」這裡面都體現著對人的內在價值的尊重。人的內在價值又被古人看作天爵天祿，當然還有一般意義上的官爵官祿，但古人常為之慨歎「命運無常」，今人也說「今天是高官，高官有資源，能撈很多錢，一旦被雙規，生命全玩完。」古代人也發現權力、地位、俸祿轉瞬即逝，讓人感到十分可怕。官爵官位可得可失，而內在的價值即天爵天祿，別人奪不去，奪不去的是人的內在品質、道德修養和人的價值尊嚴。不因為出身高貴、貧窮和財富而在內在品格個和價值上有所差異。即使我目不識丁，也要堂堂正正做人。農村出來的學生，父母不識字，但勤勞的母親會告訴我們應該怎麼樣做人。

　　這就說明民本思想既然蘊含著要對人的內在價值和尊嚴給予充分的理解和尊重，它就必然表現在世俗生活當中的司法機制上。中國古代是成文法國家，秦漢之後歷朝歷代都有法典。法典是皇帝制定的，按照西方的理論即為實在法。實在法是調整世俗生活的，因此人的生命尊嚴、價值尊嚴要體現物質生活，體現在財產上。因此遇到命盜大案、財產訴訟糾紛，法官能不重視嗎？中國古代把刑獄看作一個大事。這個刑獄多指盜和人命大案。賊盜並不僅指偷盜東西，古代刑律中殺人無忌謂之「賊」，指的是一種殘忍，沒有忌諱。殺老人、兒童，殘害良民，主要是指危害人的生命的一種犯罪。古代沒有搶劫罪，但有強盜、竊盜罪，「強盜」是指明火執仗以器械搶財產。「竊盜」是指秘密竊取他人財物。有強盜、竊盜和人命大案發生時封建官府十分重視。宋太宗說過：「朕以庶政之中獄訟為切，欽恤之意，何嘗暫忘。」因為刑獄是治理國家、管理社會的頭等大事，皇帝說時刻不敢忘記。宋代皇帝從五代十國過來的，當時軍閥混戰，興王易姓，司法掌握在牙校、軍卒之手，殺人手段很殘酷，挖眼、挑筋、活埋經常發生且不講究司法程序，司法黑暗，軍人控制司法，這是當時的總體情況。宋立國之後，懲五代十國之弊，開始司法改革，表現在上層統治者就是一種重視刑獄的訴訟理念。作為士大夫，歐陽修當年曾被貶官至夷陵（今宜昌），因地處偏遠，沒有書讀，就在公務之餘讀訴訟檔案。他發現很多冤屈之事，就說：「而今之後於此不敢忽也。」這是士大夫重視刑獄的訴訟觀念。怎樣做好一個法官？宋代典籍裏有：「法官之任，人命所繫；法官之命，命運所懸。」因此，遴選刑獄之官要慎重。

　　「法官之任，人命所懸」。法官的職責關係到人民的生命，所以不敢忽視。宋太宗於 983 年在《戒石銘》中告誡群臣：「爾俸爾祿，民脂民膏，百姓易虐，上天難欺。」在有關婚姻、田宅訴訟中，在南宋，宋元典籍中，「民事」是指大的民事概念，指凡是與民生密切相關的事情都被稱為民事，為政者以民事為急，和民生相關的一切政務事務，都是官方要認真對待的，出現了一批特別關注民事案件受理的官方政書，也包括輕微犯罪案件。

　　請大家記錄下李元弼撰寫的《作邑自箴》、陳襄所撰的《州縣提綱》以及胡太初撰寫的《晝簾緒論》，其次還有大家熟悉的鄭克的《折獄龜鑑》，尤其值得一提的是鄭興裔的《檢驗格目》和大法醫學家宋慈的《洗冤集錄》。我在舉辦宋代司法理性與經驗專題講座時候，就把《大宋提刑官》這部電影的場面作為背景，宋慈是路一級的提刑官。在田宅訴訟上，有個叫王炎的，宋代

叫王炎的有兩個人，北宋的和南宋，我們談到的是南宋的這個王炎，南宋的王炎一生都不濟，15 歲啟蒙，三十多歲中進士，後在臨湘當官，是個縣令。古代小縣就幾千口人，臨湘就在現在的岳陽附近，這個很有意思，在《全宋文》這裡面，《全宋文》這是一部大書，一套數萬元，其中有一冊是講王炎的，最有意思的是他留下的一篇完整的審理田宅訴訟的心得體會的東西，王炎這樣的人物，頭像搜索不到，江西人，乾道五年進士，史書記載：「炎出於一介孤生，辛苦半生之久方得一官，蹉跎一紀之餘方脫選調，法當試縣，無所規避。因念民戶爭訟，諧縣赴訴者，所以求決其曲直之情，為縣令者於剖決之際，自宜審之重之，不可苟也。」

王炎講，在臨湘這樣一個幾千人口的小縣裏，告狀的十有八九是因田宅糾紛引起的，因為土地和房子是民間最大的財富，故審理時，務必要格外重視。宋代的土地一是可以典，典是中國的創造，生活中需要錢，但又捨不得賣，因為宗族之家業，賣掉會被罵為不肖子孫、敗家子，因此想出一個「典」來。另外，「抵當」、「倚當」這些都是宋代的名詞，就是以土地收益為基礎，去借貸，像抵當一般都是有主債務，比如借了范忠信 5 萬元，利息越積越多，還不起了，還想再用錢，就用青苗作抵押，或者以土地作抵押。土地大家都知道，一旦作為標的流通，可以收益，可以以此還利息。所以，土地的利用、流轉在宋代很快，號稱是「千年田換八百主」，這是一個說法，有人直譯，能這麼快，有的說十年還八次，有人作了一首蛤蟆歌，說，「蛤蟆、蛤蟆，你本來是我稻田蛙，渴飲我稻田水，餓了食我稻中花，明天啁啁又向他人叫，不知你是誰家蛙」。這是古人的歌謠，反映的就是土地流轉快。所以，這個王炎，他還說：「況一縣之人所為詞訟，半是論訴田疇官司。理斷爭田之訟，先憑干照（田宅交易中的契約及納稅證據等契約、文書），既有干照，再問管業，則條令自有明文。或問開荒，則指揮自有明文。如已耕熟田，不許執舊契劃奪是也。」

宋代另外一個法官講，「大凡官廳財物勾加之訴，考察虛實，則憑文書；剖斷曲直，則依條法。捨此而臆決焉，則難乎片言折獄矣。」這反映了一個什麼意思啊？審理財物之訴，先看干照，再看管業，看看現在是在誰手上管理。王炎還說：「然據兩辭所供，則管業、開荒難以見其虛實，其勢又須問及鄰保，則事之曲直，人之情偽方別自而不可逃。」大家都知道，現在為什麼鄉村裏面買賣貴重的東西，要問鄰居，一般鄰居比較熟悉。還有，「若其兩辭紛摯，

郡呼之使至案前，及復論辯，未嘗敢臨之鞭扑，亦未嘗取拘之囹圄。因是以理斷曲直，庶幾可以無失。」王炎審理田宅訴訟，將經驗體會出來了，敘述出來了，怎麼去審，怎麼去判，他的觀念和原則。

二、宋代法官審理田宅訴訟的實踐

說到這裡，下面我就是要說一下，宋代確實沒有一部和實體法分立的完整的訴訟法，但是古代是否有沒有訴訟程序，實際上刑事案件有一套非常完善的訴訟程序，而且制度很嚴密。宋代的刑事案件，當然刑事案件也包括一些輕微的案件，比如戶婚田宅之訴，打屁股，打幾下就放人了。

按照法律的規定，「杖」刑（處理婚姻田宅訴訟案件以及輕微刑事案件採用此種刑罰）以下的案件的處罰，由縣一級機構來斷案，古書稱為「縣決之」。但並不是說縣官對於重大案件就沒有審理權，（判處）「徒」刑以上的案件，縣一級官員可以預審，但沒有決定權。處以「徒、流、死」等刑罰的重案，由縣官勘驗現場、調查事實，審查清楚案情後，寫出擬判決文書，並將當事人和卷宗一同解送到州一級機構，宋稱之為「結解」，由州作出最後判決。這主要因為州官員較多，司法機構設置比較完善，權力較大。州一級的機構對於「徒」以上的案件審判分四個階段：1. 緝捕階段。相當於現代公安局的刑事偵查，當時由縣尉執行，稱閱羽弓手。2. 獄司推鞠。由錄事參軍執行，一般科舉考試授予的官職都是從「參軍」開始的，幕職官員。獄審稱為「推鞠」。3. 檢法議刑。由司法參軍執行，將適用的法律檢錄出來，提出司法擬判意見。4. 判決。由知州、通判作出。這足見宋代司法過程規定非常細緻。如果錄事參軍、司法參軍在審理案件過程中與長官有不同的意見，而長官又不同意，可以將自己的意見附在檔案後面，稱為「議狀」，一旦發生冤假錯案，出現冤屈，提出「議狀」的官員可以免除法律責任，這為後世司法提供了基本經驗。清朝的「夾註」即是由此演化而來。因此，我們不能簡單認為古代司法黑暗，（法官）可以「翻手為雲，覆手為雨」。從性質上講，古代君主專制，肯定有黑暗的一面，但「概念化」、「類型化」，將活生生的事實遮蔽，那麼我們從歷史文獻中將得不到任何有意義的知識，（然而）幾千年的歷史，事實上存在了很多東西，我們不能視而不見。

「斷由」是宋代司法的專有名詞，其實質就是法官對案件當事人（作出）的判決書，但實物的「斷由」卻沒有留存到當世，（這主要因為）作為宋代的

文字記載保留非常困難。（以前的學術交流中）外國學者往往會問我在研究宋代司法過程中是否有實物材料，我說沒有，對於宋代斷案的「斷由」或海外貿易的「憑由」，如果要是真有，那（我）也是家財萬貫了（笑）。但是海外貿易的「憑由」，日本保留了一部分，我國經過努力，通過照片形式帶回了國內，使我們研究過程中還能見到實物，但是「斷由」我們只能通過歷史文獻記載，得知宋代司法斷案存在這種司法文書了。史料記載的「斷由」一般分「三日後作出」和「七日後作出」。「斷由」記錄包括：1. 案情。2. 雙方當事人。3. 判決的理由。（這）便於日後產生糾紛進行覆查。這是一種了不起的創造，對於婚姻田宅訴訟尤為重要。

王炎在審理訴訟中注意複雜疑難案情，注重天理，國法、人情平衡，以取得良好的社會效果。「臨湘人爭競田土又與他處不同，或有契據不明，界至交互之人，或有雖納賦稅，並無契據之人。炎為因事之宜，斟酌人情，依傍法意，平心理斷，不敢取一己之私意，有所偏曲，亦不容吏輩執復（從中混水摸魚），有所眩惑。」是王炎所持的一種態度。

契約是接近真實的，有了契約，事件的客觀真實程度就可以證明了。但是契約可以「造偽」的，這是中國人的特長（笑）。人性複雜，衝突之中，有些人為了謀私利，混淆視聽。「造偽」通常是在舊的契約上面進行篡改。本來是「典」，但改成「賣」，一字之差，天壤之別。此外，還有人製造假契約。法官為了辨偽，就走向田間地頭，調查研究，丈量土地，訪問鄰居、證人，通過專門的檢驗機構「書鋪」來檢驗契約是先簽好契約後再蓋的章，還是空白契約蓋章後又在上面寫的內容，鑒定字是在印之上還是印之下。這說明技術手段已經相當發達了。

中華書局出版了《名公書判清明集》，記錄了 19 位法官審理的 303 個案例，內容多以婚姻田宅、立繼、財產糾紛的訴訟案件。

吳恕齋說：「切惟官司理斷典賣田地之訴，法當以契書為主，而所執契書則又當明辨其真偽，則無遁情。」

胡穎說：「大凡官廳財物勾加之訴，考察虛實，則憑文書；剖斷曲直，則依條法。捨此而臆決焉，則難乎片言折獄矣。」

吳恕齋說：「大率官司予決，只有一可一否，不應兩開其說。」

這些話對「法官沒有是非觀念」的論斷給予了很好的反駁。

三、宋代法官審理田宅訴訟的程序及原則

下面我們來看幾個案例：

1. 俞百六娘與戴士壬爭田案（又叫孤女贖父田）

（1）法官：吳恕齋

（2）時間：南宋嘉熙年間（1238）

（3）地點：臨安或江西某縣（判詞並不明確）

（4）原告：俞百六娘與丈夫陳應龍

（5）被告：戴士壬

（6）標的：俞百六娘父親留下的田產

（7）爭論焦點：

俞百六娘一方訴求贖回本應屬於自己（繼承其父）的田產，田產係俞百六娘父典給戴士壬的；戴士壬則說田產是從俞百六娘之父俞梁處買來的，且有契約為證，並管業（正在佔有使用）；是典還是賣為爭訟焦點。

（8）本案原本不複雜，關鍵在於查明是典還是賣，典可贖，賣不可贖。

本案的難點在於：

①此案土地交易發生在開禧二年（公元 1206 年），而爭訟則在嘉熙二年三月（公元 1238 年），事過 30 餘年，且俞百六娘之父，即交易人已死（公元 1229 年），人過境遷，人已死，證據難明。

②俞百六娘為女子，其丈夫陳應龍為倒插門（贅婿），且游手好閒為浪蕩子，夫妻有無資格（主體地位）贖田？

③法律有何規定？

（9）查證結果：

經查：戴士壬所執契約為兩契，一為典（開禧年間），二為賣（紹定年間），但典契為真，買契為假：原因有二，一是此契上有作偽痕跡，且經書鋪檢驗，前後兩契約上的手押不同，故認定是戴作偽；二是俞百六娘訴即官府後，戴士壬心虛，曾暗地裏引誘陳應龍重簽賣地契，賣其所爭土地中的田畝，這不符合情理，故判為假。

（10）適用法條：

①在室女繼絕法令（戶絕財產盡給在室女）

②諸婦人隨嫁資及承戶絕資產，並同夫為主（故俞百六娘與夫陳應龍共有贖回權）

（11）參考情理：

①戴士壬於土地有「培壅之功」，原告理應體恤

②贖回後，不准陳應龍變賣

法官考慮到陳應龍是一個浪蕩之子，擔心背後有人慫恿其將田產變賣後換酒，坐吃山空，因此要求作為祭田（供祭祀費用之田）使用，這是法律的延伸，強調判決的社會效果。

因此，我們不論學習部門法還是程序法，學術的道理是相同的。我反對兩點：

1. 單純以西方的法理標準和所謂的法治原則，教條地適用於中國的現實情況。法治無論蘊含了多麼高的法律理念，如果不和國家的社會現實、民族文化的傳統相結合，將沒有生命力。

2. 大家研究問題，一定要來自現實社會生活實踐，去發現學術問題，使社會生活中的難點和學術問題相結合，不是簡單的為政府提供現成的答案，為立法提供建議，儘管提出立法建議是部門法學者要做的，但是不能僅僅（止）於此，還應從中闡明學理，啟發人們在學理的研究上高於單純的對策之學。

陳瑞華老師的書講到在司法實踐中應當抓住實質問題上升為學術理論。在經驗事實當中提取概念，在學術概念中建立自己的學術派別。

結論

兩宋之際，中國社會的結構發生了轉型，以土地私有制為核心的財產流轉關係加快，商品經濟的繁榮帶來了經濟利益的多元化，在人們生活世俗化的大潮下，社會各階層的物質欲望空前膨脹，傳統的儒家倫理道德構築的處理社會糾紛的道德防線不能適應社會生活的需要。宋代的「法官」在處理社會各階層無所不在的訴訟糾紛時，儘管還要在儒家的語境內參酌「人情」，但是以法律為依據則是處理刑民案件的首要原則。法的客觀性進入了宋代「法官」的視野，以「法」的功能確定人的財產利益邊界是宋代司法的基本原則。宋代「法官」依法判決，重視物證，已非漢代以來司法官員「援情入法，法隨情斷」的傳統司法模式所能涵蓋，而是具有了法律作為知識與客觀準則得以在民事糾紛的審判中發揮重要作用，且滋生了成長的空間。故宋代法官是依法判案，而不是隨心所欲；宋代的司法傳統是成文法傳統，判決具有客觀性與確定性。因此，我認為：一個由「倫理型」向「知識型」轉化的司法機制與

傳統在宋代已經應運而生。

（1）以概念化和類型化研究中國司法傳統和法律文化，是必須的，因為它是我們認識中國古典與現代西方以及現實法律體系的參照點。如果不用這些方法去分析，就看不出西方現實與古代中國的差距。比如：古代公共政權，皇帝專制，腐朽、黑暗、刑訊逼供等，這些都是概念化的。中國古代司法是「卡迪」式審判，「翻手為雲、覆手為雨」，法官隨心所欲審判，這也是概念化、類型化的觀察。沒有這種觀察就辨不出差異。但我們務必要注意，當你用概念化、類型化這樣的立場觀點觀察中國司法實踐，會遮蔽活生生的歷史現實。馬克斯·韋伯經過概念化、類型化後認為西方的審判是客觀的、確切的、有預見的，而中國就是「卡迪」式司法，使我們停留在抽象的概念之上，從而把歷史給簡單化了。

（2）隨著私有制的發展和商品經濟的繁榮，宋代的法官對於中國傳統的財產觀念，都有了新的認識，因此，宋代的法官判決田宅訴訟和財產糾紛案件時，不僅僅是道德說教，即便是發生在親屬範圍內的訴訟糾紛，法官也主張首先辨別是非，其次依法判決，最後兼顧情理，力爭收到好的社會效果。這是值得借鑒的司法的智慧、經驗。中國是成文法國家，無論刑事還是民事案件判決都是由法條規定的，但是又不僅僅只使用法條，還要考慮情理和社會效果，古代叫做天理、國法、人情的平衡。

（3）通過對宋代法對官田宅訴訟審理的研討，力圖說明中國古代民事審判和民事法規具有的可能性，由問題上升為一種理論，從而顛覆學界對中國古代司法傳統和中國古代有無民法的爭論，至於能否做到這一點，還需要別人去評論。我試圖說明中國古代司法具有客觀性、真實性，非「卡迪」式審判，通過對田宅案件的審理，試圖說明古代有建立民事訴訟審判的可能性，以及在何種程度上何以成為可能。

最後，我想說的是「學問」是因「學」而「問」、「問」中進「學」。歷史是人類智慧的大海，在史學當中去閱讀、學習，可以汲取千古之智慧，應該以善取為樂。同時讀史可以效法古今之大家，我們讀蘇軾、歐陽修，或者現代的思想大家的文章，而其重點是要獨闢蹊徑。這就是我的一點體會，是否能做得到呢？就讓我們大家共同努力，以此與大家共勉。

謝謝！

參考文獻

一、古籍史料（文獻以作品名稱首字母排序，下同）

B

1. （宋）包拯：《包拯集校注》，楊國宜校注，黃山書社 1999 年版。
2. （唐）白居易：《白居易文集校注》，謝思煒校注，中華書局 2011 年版。

C

3. （明）凌濛初：《初刻、二刻拍案驚奇》，嶽麓書社 1988 年版。
4. （宋）陳亮：《陳亮集》，中華書局 1987 年版。
5. （清）崔述：《崔東壁遺書》，顧頡剛編訂，上海古籍出版社 1983 年版。

D

6. （宋）孟元老：《東京夢華錄箋注》，中華書局 2007 年版。
7. （宋）魏泰：《東軒筆錄》，中華書局 1983 年版。
8. （唐）杜甫：《杜詩詳注》，仇兆鰲注，中華書局 1979 年版。
9. （清）吉同鈞：《大清現行律講義》，栗銘徽點校，清華大學出版社 2017 年版。
10. （清）吉同鈞：《大清律講義》，閆曉君整理，知識產權出版社 2017 年版。
11. （清）吉同鈞：《大清現行刑律講義》，閆曉君整理，知識產權出版社 2017 年版。
12. （明）丘濬撰：《大學衍義補》，上海書店出版社 2012 年版。

13. （清）沈之奇：《大清律輯注》，懷效鋒、李俊點校，法律出版社 1998 年版。

E

14. （宋）程顥、程頤：《二程集》，中華書局 2004 年版。

G

15. （清）吳乘權等：《綱鑒易知錄》，中華書局 1960 年版。

16. 黎翔鳳校注：《管子校注》，中華書局 2004 年版。

17. （宋）周密：《癸辛雜識》，吳企明點校，中華書局 1988 年版。

H

18. （南朝宋）范曄：《後漢書》，中華書局 1965 年版。

19. （清）魏源撰：《海國圖志》，嶽麓書社 2004 年版。

20. （漢）班固：《漢書》，中華書局 1962 年版。

21. （宋）羅大經：《鶴林玉露》，王瑞來點校，中華書局 1983 年版。第 80 頁。

22. （宋）黃庭堅：《黃庭堅詩集注》，中華書局 2003 年版。

J

23. （宋）李心傳：《建炎以來繫年要錄》，辛更儒點校，上海古籍出版社 2018 年版。

24. （宋）李心傳：《建炎以來朝野雜記》，中華書局 2000 年版。

25. （唐）房玄齡等：《晉書》，中華書局 2012 年版。

26. （元）脫脫等撰：《金史》，中華書局 1975 年版。

K

27. （宋）張知甫：《可書》，中華書局 2002 年版。

L

28. （清）沈家本：《歷代刑法考》，中華書局 2011 年版。

29. （明）黃淮、楊士奇編：《歷代名臣奏議》，上海古籍出版社 1989 年版。

30. （宋）劉克莊：《劉克莊集箋校》，辛更儒箋校，中華書局 2011 年版。

31. （元）徐元端：《吏學指南》，浙江古籍出版社 1988 年版。

32. （清）吉同鈞：《樂素堂文集》，閆曉君整理，法律出版社 2014 年版。

M

33. 中國社會科學院歷史研究所宋遼金元史研究室點校:《名公書判清明集》,中華書局 1987 年版。

34.（宋）沈括:《夢溪筆談》,中華書局 2015 年版。

35.（清）張廷玉等:《明史》,中華書局 1974 年版。

N

36.（明）陶宗儀:《南村輟耕錄》,中華書局 1959 年版。

37.（梁）蕭子顯:《南齊書》,中華書局 1972 年版。

38.（宋）吳曾:《能改齋漫錄》,上海古籍出版社 1979 年版。

O

39.（宋）歐陽修:《歐陽修全集》,中華書局 2001 年版。

P

40.（宋）朱彧:《萍洲可談》,李偉國點校,中華書局 2007 年版。

Q

41. 曾棗莊、劉琳主編:《全宋文》,上海辭書出版社、安徽教育出版社 2006 年版。

42.（清）董誥編:《全唐文》,中華書局 1983 年版。

43.（宋）周密:《齊東野語》,中華書局 1983 年版。

44. 李修生主編:《全元文》,鳳凰出版社 1998 年版。

45. 故宮博物院編:《欽定戶部則例》（故宮珍本叢刊第 284 冊）,海南出版社 2000 年版。

46. 王雲五總編:《清朝文獻通考》（「萬有文庫」本）,商務印書館 1937 年版。

47. 趙爾巽等撰:《清史稿》,中華書局 1977 年版。

48. 故宮博物院編:《欽定大清現行刑律》（故宮珍本叢刊第 333 冊）,海南出版社 2000 年版。

49.（宋）應俊:《琴堂諭俗編》（景印文淵閣四庫全書第 865 冊）,臺灣商務印書館 1986 年版。

50. 徐珂編撰:《清稗類抄》,中華書局 1984 年版。

R

51.（清）顧炎武：《日知錄校注》，陳垣校注，安徽大學出版社 2007 年版。

52.（宋）洪邁：《容齋隨筆》，孔凡禮點校，中華書局 2005 年版。

53.（清）譚嗣同：《仁學》，遼寧人民出版社 1994 年版。

S

54.（元）脫脫等：《宋史》，中華書局 1977 年版。

55.（清）徐松：《宋會要輯稿》，劉琳等校點，上海古籍出版社 2014 年版。

56.（宋）佚名：《宋大詔令集》，司義祖編，中華書局 1962 年版。

57.（宋）竇儀等：《宋刑統》，吳翔如點校，中華書局 1984 年版。

58.（宋）李攸：《宋朝事實》，中華書局 1955 年版。

59.（宋）蘇軾，（明）茅維編：《蘇軾文集》，孔凡禮點校，中華書局 1986 年版。

60. 汪聖鐸點校：《宋史全文》，中華書局 2016 年版。

61. 上海社會科學院政治法律所編：《宋史刑法志注釋》，群眾出版社 1979 年版。

62. 閆建飛等點校：《宋代官箴書五種》，中華書局 2019 年版。

63. 丁傳靖輯：《宋人軼事彙編》，中華書局 2003 年版。

64.（清）黃宗羲、全祖望：《宋元學案》，中華書局 1986 年版。

65.（宋）司馬光：《司馬溫公集編年箋注》，李之亮箋注，巴蜀書社 2009 年版。

66. 國家圖書館善本金石組編：《宋代石刻文獻全編》，北京圖書館出版社 2003 年版。

67.（宋）朱熹：《四書章句集注》，中華書局 1983 年版。

68.（清）陸心源：《宋史翼》，浙江古籍出版社 2017 年版。

69.《睡虎地秦墓竹簡》，文物出版社 1978 年版。

70.（清）永瑢等撰：《四庫全書總目》，中華書局 1965 年版。

71.（宋）司馬光：《涑水紀聞》，中華書局 1987 年版。

72.（清）胡聘之：《山右石刻叢編》，載《歷代碑誌叢刊》第 16 冊，江蘇古籍出版社 1998 年版。

73.（宋）陳元靚：《事林廣記》，中華書局 1999 年版。

74.（漢）司馬遷：《史記》，中華書局 1982 年版。

75.（清）趙舒翹：《慎齋文集》，閆曉君整理，法律出版社 2014 年版。

76. 許富宏校注：《慎子集校集注》，中華書局 2013 年版。

77.（唐）魏徵、（唐）令狐德棻：《隋書》，中華書局 1973 年版。

78.（清）紀昀總纂：《四庫全書總目提要》，河北人民出版社 2000 年版。

T

79.（唐）李林甫等：《唐六典》，中華書局 1992 年版。

80.（唐）長孫無忌等：《唐律疏議》，劉俊文點校，中華書局 1983 年版。

81.（宋）桂萬榮：《棠陰比事》，鳳凰出版社 2021 年版。

82.（唐）杜佑：《通典》，王文錦等點校，中華書局 2016 年版。

83.（宋）王溥：《唐會要》，上海古籍出版社 2006 年版。

84. 方齡貴校注：《通制條格校注》，中華書局 2011 年版。

85.（清）薛允升：《唐明律合編》，法律出版社 1999 年版。

86. 天一閣博物館、中國社會科學院歷史研究所天聖令整理課題組校證：《天一閣藏明抄本天聖令校證》，中華書局 2006 年版。

W

87.（宋）馬端臨：《文獻通考》，上海師範大學古籍研究所、華東師範大學古籍研究所點校，中華書局 2011 年版。

88.（明）沈榜：《宛署雜記》，北京古籍出版社 1980 年版。

89.（宋）王溥：《五代會要》，上海古籍出版社 1978 年版。

90.（宋）普濟：《五燈會元》，中華書局 1984 年版。

91.（宋）詹大和，（清）顧棟高，（清）蔡上翔：《王安石年譜三種》，裴汝誠點校，中華書局 1994 年版。

X

92.（清）畢沅：《續資治通鑒》，中華書局 1957 年版。

93.（宋）李燾：《續資治通鑒長編》，中華書局 2004 年版。

94.（清）黃以周：《續資治通鑒長編拾補》，中華書局 2004 年版。

95.（宋）宋慈：《洗冤集錄譯注》，高隨捷、祝林森譯注，上海古籍出版社 2008 年版。

96.（宋）歐陽修等：《新唐書》，中華書局 2013 年版。

97.（宋）葉適：《習學記語序目》，中華書局 1977 年版。

98.（金）元好問：《續夷堅志》，中華書局 1986 年版。

Y

99.（宋）王林：《燕翼詒謀錄》，中華書局 1981 年版。

100.（宋）袁采：《袁氏世範》，天津古籍出版社 1995 年版。

101.（宋）王應麟：《玉海》，江蘇古籍出版社 1987 年版。

102.（宋）楊時：《楊時集》，中華書局 2018 年版。

103.（宋）葉適：《葉適集》，中華書局 2010 年版。

104.（金）元好問：《元好問詩編年校注》，狄寶心校注，中華書局 2011 年版。

105.（明）宋濂：《元史》，中華書局 1976 年版。

106.（元）姚燧：《姚燧集》，查洪德點校，人民文學出版社 2011 年版。

107.（元）袁桷：《袁桷集校注》，中華書局 2012 年版。

108.（清）柯劭忞等：《元史二種》，上海古籍出版社 1989 年。

109. 陳高華等點校：《元典章》，中華書局 2011 年版。

Z

110. 楊一凡、田濤主編，戴建國點校：《中國珍稀法律典籍續編第 1 冊：慶元條法事類》，黑龍江人民出版社 2002 年版。

111.《政訓實錄》，中國戲劇出版社 2003 年版。

112. 朱傑人、嚴佐之、劉永翔主編：《朱子全書》，上海古籍出版社、安徽教育出版社 2002 年版。

113.（宋）鄭克：《折獄龜鑑譯注》，劉俊文譯注，上海古籍出版社 1988 年版。

114.（宋）黎靖德編：《朱子語類》，王星賢點校，中華書局 1986 年版。

115.（宋）張載：《張載集》，中華書局 1978 年版。

116.（宋）曾鞏：《曾鞏集》，中華書局 1984 年版。

117.（宋）陳振孫：《直齋書錄解題》，上海古籍出版社 1987 年版。

118.（清）孫詒讓：《周禮正義》，中華書局 1987 年版。

119.（元）張養浩：《張養浩集》，吉林文史出版社 2008 年版。

120.（唐）吳兢：《貞觀政要集校》，中華書局 2009 年版。

121.（宋）司馬光：《資治通鑒》，中華書局 1956 年版。

二、今人專著、外國論著

A

1. 吳歡：《安身立命：傳統中國國憲的形態與運行——憲法學視角的闡釋》，中國政法大學出版社 2013 年版。

2. 托馬斯·阿奎那：《阿奎那政治著作選》，商務印書館 1963 年版。

B

3. 孔繁敏：《包拯研究：歷史與藝術形象中的包公》，中國社會科學出版社 1998 年版。

4. 徐忠明：《包公故事：一個考察中國法律文化的視角》，中國政法大學出版社 2002 年版。

5. 李永平：《包公文學及其傳播》，陝西師範大學 2006 年博士學位論文。

6.《不列顛百科全書》，中國大百科全書出版社 1999 年修訂版。

7.（美）埃爾曼：《比較法律文化》，賀衛方、高鴻鈞譯，生活·讀書·新知三聯書店 1990 年版。

C

8.《辭海》，上海辭書出版社 1999 年版。

9. 胡偉希：《傳統與人文：對港臺新儒家的考察》，中華書局 1992 年版。

10. 閆曉君：《出土文獻與古代司法檢驗史研究》，文物出版社 2005 年版。

11. 朱義祿：《從聖賢人格到全面發展》，陝西人民出版社 1992 年版。

D

12.（法）勒內·達維德：《當代主要法律體系》，漆竹生譯，上海譯文出版社 1986 年版。

13. 郭建：《典權制度源流考》，社會科學文獻出版社 2009 年版。

14. 吳向紅：《典之風俗與典之法律》，法律出版社 2009 年版。

15. 董必武：《董必武政治法律文集》，法律出版社 1986 年版。

16. 董必武：《董必武選集》，人民出版社 1985 年版。

17. 中國共產黨中央中南局宣傳部編：《黨在過渡時期的總路線教材》，中南人民出版社 1954 年版。

18. 鄧小平：《鄧小平文選》（第二卷），人民出版社 1994 年版。

19. 陳景良主編：《當代中國法律思想史》，河南大學出版社 1999 年版。

20. 宋冰編：《讀本：美國與德國的司法制度及司法程序》，中國政法大學出版社 1999 年版。

21. （以）S. N. 艾森斯塔得：《帝國的政治體系》，閻步克譯，貴州人民出版社 1992 年版。

22. （英）詹姆士·哈林頓：《大洋國》，何新譯，商務印書館 1963 年版

E

23. 蘇力、賀衛方主編：《20 世紀的中國：學術與社會·法學卷》，山東人民出版社 2001 年版。

F

24. 梁治平：《法律的文化解釋》，生活·讀書·新知三聯書店 1998 年版。

25. 林立：《法學方法論與德沃金》，中國政法大學出版社 2002 年版。

26. 舒國瀅、王夏昊、雷磊：《法學方法論》，中國政法大學出版社 2018 年版。

27. （德）魏德士：《法理學》，法律出版社 2005 年版。

28. （德）卡爾·拉倫茨：《法學方法論》，陳愛娥譯，商務印書館 2003 年版。

29. （美）哈羅德·J·伯爾曼：《法律與宗教》，梁治平譯，生活·讀書·新知三聯書店 1991 年版。

30. （美）哈羅德·J·伯爾曼：《法律與革命》，賀衛方、高鴻鈞、張誌銘、夏勇譯，中國大百科全書出版社 1993 年版。

31. （美）泰格·利維：《法律與資本主義的興起》，紀琨譯，劉鋒校，學林出版社 1996 年版。

32. （美）約翰·麥·贊恩：《法律的故事》，劉昕、胡凝譯，姜渭漁校，江蘇人民出版社 1998 年版。

33. （美）羅斯科·龐德：《法律史解釋》，華夏出版社 1989 年版。

34. 梁治平：《法辨》，貴州人民出版社 1992 年版。

35. （古羅馬）查士丁尼：《法學總論》，張企泰譯，商務印書館 1989 年版。

36. （德）康德：《法的形而上學原理》，沈叔平譯，商務印書館 1991 年版。

37. （英）韋恩·莫里森：《法理學》，武漢大學出版社 2003 年版。

38. 高全喜：《法律秩序與自由正義》，北京大學出版社 2003 年版。

39. 江平：《法人制度論》，中國政法大學出版社 1994 年版。

G

40. 董洪利：《古籍的闡釋》，遼寧教育出版社 1993 年版。

41. 應奇：《概念圖式與形而上學》，學林出版社 2000 年版。

42. 日本東京第二律師協會編：《各國律師制度》，朱育璜、王舜華譯，法律出版社 1989 年版。

43. （英）梅因：《古代法》，沈景一譯，商務印書館 1959 年版。

44. 夏勇編：《公法》第一卷，法律出版社 1999 年版。

45. （英）史蒂文·盧克斯：《個人主義》，閻克文譯，江蘇人民出版社 2001 年版。

H

46. 胡適口述：《胡適口述自傳》，唐德剛譯注，安徽教育出版社 1990 年版。

47. 黃仁宇：《赫遜河畔談中國歷史》，生活·讀書·新知三聯書店 1995 年版。

48. 胡適：《胡適學術文集·中國文學史》，中華書局 1998 年版。

49. 中國社會科學院歷史研究所整理：《徽州千年契約文書》，花山文藝出版社 1991 年版。

50. 黃源盛：《漢唐法制與儒家傳統》，元照出版有限公司 2009 年版。

J

51. 陳寅恪：《金明館叢稿二編》，生活·讀書·新知三聯書店 2001 年版。

52. 《簡明不列顛百科全書》，中國大百科全書出版社 1985 年版。

53. 蘇亦工、謝晶主編：《舊律新詮——〈大清律例〉國際研討會文集》（第一、二卷），清華大學出版社 2016 年版。

54. 鄧小平：《建設有中國特色的社會主義》（增訂本），人民出版社 1987 年版。

55. 程樹德：《九朝律考》，中華書局 2006 年版。

K

56. （美）斯科特·戈登：《控制國家——西方憲政的歷史》，應奇等譯，江蘇人民出版社 2001 年版。

L

57. 鄧廣銘、漆俠：《兩宋政治經濟問題》，知識出版社 1988 年版。

58. 陳啟能等主編：《歷史與當下》第二集，上海三聯書店、華東師範大學出版社 2005 年版。

59. 梁漱溟：《梁漱溟全集》，山東人民出版社 1990 年版。

60. 中共中央馬克思恩格斯列寧斯大林著作編譯局：《列寧選集》，人民出版社 1975 年版。

61. 朱龍華：《羅馬文化與古典傳統》，浙江人民出版社 1993 年版。

62. 彭真：《論新時期的社會主義民主與法制建設》，中央文獻出版社 1989 年版。

63. 景海峰：《梁漱溟評傳》，百花文藝出版社 1995 年版。

64. 馬勇：《梁漱溟評傳》，安徽人民出版社 1992 年版。

65. 鄭大華：《梁漱溟與胡適》，中華書局 1994 年版。

66. 李淵庭、閻秉華編：《梁漱溟先生年譜》，廣西師範大學出版社 1991 年版。

67. 《梁漱溟全集》（全 8 卷），山東人民出版社 1989～1993 年版。

68. （法）孟德斯鳩：《論法的精神》，張雁深譯，商務印書館 1963 年版。

69. （法）盧梭：《論人類不平等的起源和基礎》，李常山譯，商務印書館 1962 年版。

70. （英）霍布斯：《論公民》，應星、馮克利譯，貴州人民出版社 2003 年版。

71. 周枏：《羅馬法原論》，商務印書館 1994 年版。

72. 馬小紅：《禮與法：法的歷史連接》，北京大學出版社 2004 年版。

73. （古希臘）柏拉圖：《理想國》，郭斌和、張竹明譯，商務印書館 1986 年版。

M

74. （法）謝和耐：《蒙元入侵前夜的中國日常生活》，劉東譯，江蘇人民出版社 1995 年版。

75. 劉馨珺：《明鏡高懸：南宋縣衙的獄訟》，五南圖書出版公司 2005 年版。

76. （美）費正清：《美國與中國》，張理京譯，世界知識出版社 2001 年版。

77. 中共中央馬克思恩格斯列寧斯大林著作編譯局編譯：《馬克思恩格斯選集》，人民出版社 2012 年版。

78. （美）哈羅德·J·伯爾曼主編：《美國法律講話》，陳若桓譯，生活·讀

書‧新知三聯書店 1988 年版。

79. （美）高道蘊、高鴻鈞、賀衛方：《美國學者論中國法律傳統》，中國政法大學出版社 1994 年版。

80. 梁慧星：《民法解釋學》，中國政法大學出版社 1995 年版。

81. 彭萬林主編：《民法學》，中國政法大學出版社 1997 年版。

82. （日）滋賀秀三等：《明清時期的民事審判與民間契約》，王亞新、梁治平編，法律出版社 1998 年版。

83. （荷蘭）伯納德‧曼德維爾：《蜜蜂的寓言》，肖隸譯，中國社會科學出版社 2002 年版。

N

84. （古希臘）亞里士多德：《尼各馬倫理學》，苗力田譯，中國社會科學出版社 1999 年版。

P

85. （日）桑原騭藏：《蒲壽庚考》，陳裕菁譯訂，中華書局 2009 年版。

86. （英）密爾松：《普通法的歷史基礎》，李顯冬等譯，中國大百科全書出版社 1999 年版。

87. （美）羅斯科‧龐德：《普通法的精神》，法律出版社 2001 年版。

Q

88. 閆曉君：《秦漢法律研究》，法律出版社 2012 年版。

R

89. 劉俊文主編：《日本學者研究中國史論著選譯》，中華書局 1993 年版。

90. 楊一凡、寺田浩明主編：《日本學者中國法制史論著選》，中華書局 2016 年版。

91. 俞榮根：《儒家法思想通論》，廣西人民出版社 1992 年版。

92. 薄一波：《若干重大決策與事件的回顧》，中共中央黨校出版社 1991 年版第 492 頁。

93. （日）阪本太郎：《日本史概論》，商務印書館 1992 年版。

94. 夏勇：《人權概念起源──權利的歷史哲學》，中國政法大學出版社 2001 年版。

95. 王利明、楊立新：《人格權與新聞侵權》，中國方正出版社 2000 年版。

96. 曲煒：《人格之迷》，中國人民大學出版社 1999 年版。

S

97. 葛兆光：《思想史研究課堂講錄》，生活・讀書・新知三聯書店 2005 年版。

98. 郭東旭：《宋代法制研究》，河北大學出版社 2000 年版。

99. 戴建國：《宋代法制初探》，黑龍江人民出版社 2000 年版。

100. 王雲海：《宋代司法制度》，河南大學出版社 1992 年版。

101. 苗書梅：《宋代官員選任和管理制度》，河南人民出版社 1996 年版。

102. 閻步克：《士大夫政治演生史稿》，北京大學出版社 1996 年版。

103. 柳立言：《宋代的家庭與法律》，上海古籍出版社 2008 版。

104. 程民生：《宋代地域經濟》，河南大學出版社 1992 年版。

105. 皮慶生：《宋代民眾祠神信仰研究》，上海世紀出版股份有限公司、上海古籍出版社 2008 年版。

106. 賀衛方主編：《司法的理念與制度》，中國政法大學出版社 1998 年版。

107. 柳立言：《宋代的宗教、身份與司法》，中華書局 2012 年版。

108. 魏文超：《宋代證據制度研究》，中國政法大學出版社 2013 年版。

109. 彭漣漪：《事實論》，廣西師範大學出版社 2015 年版。

110. 梁太濟、包偉民：《宋史食貨志補正》，中華書局 2008 年版。

111. 漆俠：《宋代經濟史》，中華書局 2009 年版。

112. 蔣伯潛：《十三經概論》，上海世紀出版集團 2010 年版。

113.（德）羅伯特・海因德爾：《世界指紋史》，中國人民公安大學出版社 2008 年版。

114. 柳立言主編：《史料與法史學》，歷史語言研究所 2016 年印行。

115. 閆曉君：《陝派律學家事蹟紀年考證》，法律出版社 2019 年版。

116. 葉德輝：《書林清話　書林餘話》，嶽麓書社 1999 年版。

117.（意）桑德羅・斯奇巴尼選編：《司法管轄權・審判・訴訟》，黃風譯，中國政法大學出版社 1992 年版。

118.（法）帕斯卡爾：《思想錄》，何兆武譯，商務印書館 1985 年版。

119. 易繼明：《私法精神與制度選擇》，中國政法大學出版社 2003 年版。

120. （法）盧梭：《社會契約論》，何兆武譯，商務印書館 1980 年版。

121. 中國基督教兩會出版部發行組：《聖經》，中國基督教三自愛國運動委員會、中國基督教協會 2011 年發行。

T

122. 高明士主編：《唐律與國家》，五南圖書出版公司 1998 年版。

W

123. 余英時：《文史傳統與文化重建》，生活・讀書・新知三聯書店 2004 年版。

124. 李猛編：《韋伯：法律與價值》（《思想與社會》第 1 輯），上海人民出版社 2001 年版。

125. 由嶸主編：《外國法制史》，北京大學出版社 1992 年版。

X

126. 徐道隣：《徐道隣法政文集》，清華大學出版社 2017 年版。

127. （美）卡林內斯庫：《現代性的五副面孔》，商務印書館 2002 年版，49～50 頁。

128. （英）安東尼・吉登斯：《現代性與自我認同》，生活・讀書・新知三聯書店 1998 年版。

129. （英）M・J・C 維爾：《憲政與分權》，蘇力譯，生活・讀書・新知三聯書店 1997 年版。

130. 李龍主編：《西方法學經典命題》，江西人民出版社 2006 年版。

131. （美）馬文・佩里主編：《西方文明史》，商務印書館 1993 年版。

132. 韓震：《西方歷史哲學導論》，山東人民出版社 1992 年版。

133. 梁治平：《尋求自然秩序中的和諧——中國傳統法律文化研究》，上海人民出版社 1991 年版。

134. 高銘暄、趙秉志編：《新中國刑法立法文獻資料總覽》，中國人民公安大學出版社 1998 年版。

135. （美）肯尼思・W・湯普森編：《憲法的政治理論》，張誌銘譯，生活・讀書・新知三聯書店 1997 年版。

136. 何勤華：《西方法學史》，中國政法大學出版社 1996 年版。

137. 王振忠撰文、李玉祥攝影：《鄉土中國：徽州》，生活・讀書・新知三聯

書店 2000 年版。

138. 費孝通：《鄉土中國》，生活·讀書·新知三聯書店 1985 年版。

139. 《西方法律思想史資料選編》，北京大學出版社 1983 年版。

140. （英）羅素：《西方哲學史》，商務印書館 1988 年版。

141. 洪謙主編：《現代西方哲學論著選集》，商務印書館 1993 年版。

142. 梁治平：《尋求自然秩序中的和諧》，中國政法大學出版社 1997 年版。

143. 汪太賢：《西方法治的源與流》，法律出版社 2001 年版。

144. 北京大學哲學系外國哲學史教研室編譯：《西方哲學原著選讀》，商務印
　　 書館 1981 年版。

145. （美）羅伯特·E·勒納，斯坦迪什·米查姆，愛德華·麥克納爾·伯恩
　　 斯：《西方文明史》，王覺非等譯，中國青年出版社 2003 年版。

146. （英）羅素：《西方的智慧》，溫錫增譯，商務印書館 1999 年版。

Y

147. 賀衛方：《運送正義的方式》，上海三聯書店 1999 年版。

148. 張中秋：《原理及其意義——探索中國法律文化之道》，中國政法大學出
　　 版社 2010 年版。

149. 韓儒林：《元朝史》，人民出版社 1986 年版。

150. （英）赫恩等：《英國律師制度和律師法》，陳庚生等譯，中國政法大學出
　　 版社 1992 年版。

151. 何勤華主編：《英國法律發達史》，法律出版社 1999 年版。

152. 蘇力：《閱讀秩序》，山東教育出版社 1999 年版。

153. （古希臘）荷馬：《伊利亞特》，羅念生、王煥生譯，人民文學出版社 1958
　　 年版。

154. （古希臘）柏拉圖：《游敘弗倫·蘇格拉底的申辯·克力同》，嚴群譯，商
　　 務印書館 1983 年版。

155. （意）加林：《意大利人文主義》，李玉成譯，生活·讀書·新知三聯書店
　　 1998 年版。

Z

156. 陳顧遠：《中國法制史》，商務印書館 1935 年版。

157. 張晉藩主編：《中國法制史》，群眾出版社 1982 年版。

158. 楊鴻烈：《中國法律在東亞諸國之影響》，商務印書館 2015 年版。

159. 魯西奇：《中國古代買地券研究》，廈門大學出版社 2014 年版。

160. 鄧廣銘主編：《中國歷史大百科全書·歷史卷·遼寧西夏金史》，中國大百科全書出版社 1988 年版。

161. 葛兆光：《中國思想史》，復旦大學出版社 2014 年版。

162. 張晉藩：《中國法制通史》，法律出版社 1998 年版。

163. 朱瑞熙：《中國政治制度通史·宋卷》，人民出版社 1999 年版。

164. 鄧廣銘、程應鏐主編：《中國歷史大辭典·宋史卷》，上海辭書出版社 1984 年版。

165. 余英時：《朱熹的歷史世界》，生活·讀書·新知三朕書店 2004 年版。

166.（美）白凱：《中國的婦女與財產：960～1949 年》，上海書店出版社 2007 年版。

167. 柳立言主編：《中國史新論·法律史分冊》，聯經出版事業股份有限公司 2008 年版。

168. 高潮、馬建石主編：《中國歷代刑法志注譯》，吉林人民出版社 1994 年版。

169. 鄧小南：《祖宗之法：北宋前期政治述略》，生活·讀書·新知三聯書店 2006 年版。

170. 梁慧星《中國民法·物權篇草案》，法律出版社 2004 年版。

171. 張傳璽主編：《中國歷代契約會編考釋》，北京大學出版社 1995 年版。

172. 周予同：《中國經學史講義》，上海人民出版社 2012 年版。

173. 錢穆：《朱子學提綱》，生活·讀書·新知三聯書店 2014 年版。

174. 蔡美彪：《中國通史》，人民出版社 1996 年版。

175. 蔡美彪：《中國歷史大辭典·遼夏金元卷》，上海辭書出版社 1986 年版。

176.（德）卡爾·馬克思：《資本論》，人民出版社 1956 年版。

177.《中國大百科全書·法學卷》，中國大百科全書出版社 1984 年版。

178. 徐朝陽：《中國訴訟法溯源》，中國政法出版社 2012 年版。

179. 張中秋：《中西法律文化比較研究》，南京大學出版社 1991 年版。

180.（蘇）A·古列維奇：《中世紀文化範疇》，龐玉潔、李學智譯，龐卓恒校，浙江人民出版社 1992 年版。

181. 劉小楓：《走向十字架上的真》，上海三聯書店 1994 年版。

182. （英）約翰·希克：《宗教哲學》，何光滬譯，生活·讀書·新知三聯書店 1988 年版。

183. （美）喬治·薩拜因：《政治學說史》，劉山等譯，商務印書館 1986 年版。

184. 高明士：《中國中古禮律綜論續編——禮教與法制》，元照出版有限公司 2020 年版。

185. 中研院法律史研究室主編：《中華法理的產生、應用與轉變——刑法志、婚外情、生命刑》，歷史語言研究所 2020 年印行。

186. 陳俊強主編：《中國歷史文化新論——高明士教授八秩嵩壽文集》，元華文創股份有限公司 2020 年版。

187. 梁啟超：《中國歷史研究法》，上海古籍出版社 1998 年版。

188. 中國政治法律學會資料室編：《政法界右派分子謬論彙集》，法律出版社 1957 年版。

189. 趙震江主編：《中國法制四十年》，北京大學出版社 1990 年版。

190. 韓延龍主編：《中華人民共和國法制通史》，中共中央黨校出版社 1998 年版。

191. 肖揚主編：《中國刑事政策和策略問題》，法律出版社 1996 年版。

192. （美）艾愷：《最後的儒家——梁漱溟與中國現代化的兩難》，王宗昱、魏建忠譯，江蘇人民出版社 1993 年版。

193. 梁漱溟：《中國文化要義》，上海人民出版社 2005 年版。

194. 茅彭年、李必達主編：《中國律師制度研究》，法律出版社 1992 年版。

195. 高紹先主編：《中國歷代法學名篇注釋》，中國人民公安大學出版社 1993 年版。

196. 張晉藩：《中國法律的傳統與近代轉型》，法律出版社 2005 年版。

197. 張中秋：《中西法律文化比較研究》，南京大學出版社 1996 年。

198. 張岱年、方克立主編：《中國文化概論》，北京師範大學出版社 2004 年版。

199. 張岱年：《中國哲學大綱》，中國社會科學出版社 1982 年版。

200. 牟宗三：《中西哲學會通十四講》，上海古籍出版社 1997 年版。

201. 陳光中、沈國峰：《中國古代司法制度》，群眾出版社 1984 年版。

202. （古希臘）亞里士多德：《政治學》，吳壽彭譯，商務印書館 1965 年版。

203. 錢乘旦、陳曉律：《在傳統與變革之間——英國文化模式溯源》，浙江人民出版社 1991 年版。

204.（英）洛克：《政府論》（上、下冊），瞿菊農、葉啟芳譯，商務印書館 1963 年版。

205. 胡適：《中國哲學史大綱》，商務印書館 1919 年版。

206. 張國華：《中國法律思想史新編》，北京大學出版社 1998 年版。

三、期刊、集刊論文

B

1. 張全明：《「包公戲」的出現與流傳》，載《炎黃春秋》2000 年第 11 期。

2. 李永平：《包公文學形象傳播的新思考》，載《光明日報》2007 年 3 月 31 日第 7 版。

3. 張懋：《駁斥楊兆龍》，載《政法研究》1957 年第 5 期。

C

4. 李貴連：《從貴族法治到帝制法治》，載《中外法學》2011 年第 3 期。

5. 武敏：《從「阿雲之獄」看宋代司法制度》，載《蘭臺世界》2014 年第 30 期。

6. 苗苗、趙曉耕：《從「阿雲之獄」看宋代刑法中的自首制度》，載《河南省政法管理幹部學院學報》2005 年第 3 期。

7. 郭成偉：《從阿雲獄的審理看宋神宗年間的「敕律之爭」》，載《政法論壇》1985 年第 4 期。

8. 趙曉耕、趙啟飛：《從「阿雲之獄」看北宋變法之爭》，載《中國人大》2006 年第 16 期。

9. 李如鈞：《從〈名公書判清明集〉看宋代田宅典賣中的二典》，載宋代官箴研讀會編：《宋代社會與法律——〈名公書判清明集〉討論》，東大圖書公司 2001 年版。

10. 黃源盛：《傳統與當代之間的倫常條款——以「殺尊親屬罪」為例》，載《華東政法大學學報》2010 年第 4 期。

11. 楊恩：《重釋「貪人敗類」》，載《法學研究》1997 年第 3 期。

D

12. 吳向紅：《典之風俗與典之法律——本土視域中的典制淵源》，載《福建師範大學學報》（哲學社會科學版）2007 年第 2 期。

13. 黃時鑒：《〈大元通制〉考辨》，載《中國社會科學》1987 年第 2 期。

E

14. 李華瑞：《20 世紀中日「唐宋變革」觀研究述評》，載《史學理論研究》2003 年第 4 期。

F

15. 李勤通：《法律事件抑或政治事件：從法律解釋方法看阿雲之獄定性》，載《法律方法》2014 年第 2 期。

16. 陳柏峰：《法律經驗研究的微觀過程與理論創造》，載《法制與社會發展》2021 年第 2 期。

17. 舒硯：《法史經驗談：研究方法與當代價值——黃源盛先生訪問錄》，載陳景良、鄭祝君主編：《中西法律傳統》第 11 卷，中國政法大學出版社 2015 年版。

G

18. 陳林林：《古典法律解釋的合理性取向——以宋「阿雲之獄」為分析樣本》，載《中外法學》2009 年第 4 期。

19. 彭真：《關於社會主義法制的幾個問題》，載《紅旗雜誌》1979 年第 11 期。

20. 張晉藩：《關於法的階級性和繼承性的意見》，載《政法研究》1957 年第 3 期。

21. 郝雙祿：《關於刑事證據的幾個問題》，載《政法研究》1963 年第 2 期。

J

22. 俞江：《家產制視野下的遺囑》，載《法學》2010 年第 7 期。

23. 徐忠明：《解讀歷史敘事的包公斷獄故事》，載《政法論壇》2002 年第 4 期。

24. 趙復三：《基督教與西方文化》，載《中國社會科學院研究院學報》1987 年第 4 期。

25. 李欣榮：《吉同鈞與清末修律》，載《社會科學戰線》2009 年 6 期。

L

26. 劉後濱：《廊廟之器如何造就——從唐「不歷州縣不擬臺省」的選官原則說起》，載《光明日報》2005 年 12 月 20 日。

27. 俞江：《論分家習慣與家的整體性》，載《政法論壇》2006 年第 1 期。

28. 王菱菱、王文書：《論宋政府對孤遺財產的檢校與放貸》，載《中國經濟史研究》2008 年第 4 期。

29. 郭東旭：《論阿雲獄之爭》，載《河北學刊》1989 年第 6 期。

30. 鄭定、柴榮：《兩宋土地交易中的若干法律問題》，載《江海學刊》2002 年第 2 期。

31. 劉馨珺：《論宋代獄訟中「情理法」的運用》，載《法制史研究》2002 年第 3 期。

32. 孫家紅：《歷盡劫灰望雲階：薛允升遺著〈秋審略例〉的散佚與重現》，載中國法制史學會、歷史語言研究所主編：《法制史研究》2013 年第 24 期。

33. 馮若泉：《魯明健在替誰說話》，載《政法研究》1958 年第 2 期。

34. 馮天瑜：《略論中西人文精神》，載《中國社會科學》1997 年第 1 期。

35. 劉海年：《略論社會主義法治原則》，載《中國法學》1998 年 1 期。

M

36. 羅褘楠：《模式及其變遷-——史學史視野中的唐宋變革問題》，載《中國文化研究》2003 年夏卷。

37. 王志強：《〈名公書判清明集〉法律思想初探》，載《法學研究》1997 年第 5 期。

38. 夏勇：《民本新說》，載《讀書》2003 年第 10 期

N

39. 柳立言：《南宋的民事裁判：同案同判還是同案異判》，載《中國社會科學》2012 年第 8 期。

40. 王志強：《南宋司法裁判中的價值取向——南宋書判初探》，載《中國社會科學》1998 年第 6 期。

41. （英）馬若斐：《南宋時期的司法推理》，陳煜譯，載徐世虹主編：《中國古代法律文獻研究》第 7 輯，社會科學文獻出版社 2013 年版。

Q

42. 魏瓊：《清官論考》，載《中國法學》2008 年第 6 期。

43. 李力：《清代民法語境中「業」的表達及其意義》，載《歷史研究》2005 年第 4 期。

44. 俞江：《傾聽保守者的聲音》，載《讀書》2002 年第 4 期。

S

45. 江必新：《宋代「嚴懲貪墨之罪」述論》，載《西南師範大學學報》1986 年 2 期。

46. 王金玉：《宋代「千文架閣法」辨析》，載《歷史研究》1996 年第 4 期。

47. 柳立言：《宋代的社會與法律文化：中產之家的法律？》，載《唐研究》第 11 卷，北京大學出版社 2005 年版。

48. 呂志興：《宋代司法中的分權與監督制度初探》，載《中央政法管理幹部學院學報》2000 年第 3 期。

49. 張正印：《宋代「鞫讞分司」辨析》，載《當代法學》2013 年第 1 期。

50. 郭學信：《試論商品經濟對宋代社會風氣的影響》，載《歷史教學》2003 年第 8 期。

51. 趙曉耕：《宋代阿雲之獄》，載《法律與生活》2006 年第 22 期。

52. 戴建國：《宋代的民田典賣與「一田二主」制》，載《歷史研究》2011 年第 6 期。

53. 陳銳：《宋代的法律方法論——以〈名公書判清明集〉為中心的考察》，載《現代法學》2011 年第 2 期。

54. 王文書：《宋代「有利準折債負」考辯》，載《中西法律傳統》第 10 卷，中國政法大學出版社 2014 年版。

55. 王寶成：《試論元朝的訴與狀》，載《1986 年中國法制史年會論文集》。

56. 程漢大：《12～13 世紀英國法律制度的革命性變化》，載《世界歷史》2000 年第 5 期。

57. 郭東旭：《宋代之訟學》，載漆俠主編：《宋史研究論叢》（第 1 輯），河北大學出版社 1990 年版。

58. 梁治平：《說「治」》，載《文化：中國與世界》（第三輯），上海三聯書店 1987 年版。

T

59. 牟發松：《「唐宋變革」說三題——值此說創立一百週年而作》，載《華東師範大學學報（哲學社會科學版）》2010 年第 1 期。

60. 柳立言：《「天理」在南宋審判中的作用》，載《歷史語言研究所集刊》第八十四本第二分（2013 年）。

61. 賀衛方：《天主教的婚姻制度和教會法對世俗法的影響》，載《世界宗教研究》，1986 年 1 期。

62. 潘萍：《〈天聖・獄官令〉與唐宋司法理念之變——以官員、奴婢的司法待遇為視點》，載《法制與社會發展》2017 年第 6 期。

63. 權新廣：《談談刑法中的因果關係》，載《政法研究》1963 年第 3 期。

W

64. 王雲紅：《晚清豫派律學的再發現》，載《尋根》2016 年第 1 期。

65. 李琪：《我國刑法是不是制定的太遲了？——在立法問題上駁斥右派》，載《政法研究》1957 年第 5 期。

66. 楊兆龍：《我國重要法典何以遲遲還不頒布？》，載《新聞日報》1957 年 5 月 9 日。

67. 吳德峰：《為保衛社會主義法制而鬥爭》，載《政法研究》1958 年第 1 期。

X

68. 劉坤：《宣化元代潘澤神道碑考釋》，載《文物春秋》2016 年第 3 期。

69. 李啟成：《行深融豁，過渡津梁——黃源盛教授著〈中國法史導論〉讀後》，載《政法論壇》2013 年第 3 期。

70. 陳景良：《尋求中國人「過日子」的邏輯》，載《人民日報》2016 年 10 月 20 日。

Y

71. 蕭功秦：《英宗新政與南坡之變》，載《元史論叢》第 2 輯，中華書局 1983 版。

72. 馮家昇：《元代畏兀兒文契約二種》，載《歷史研究》1954 年第 1 期。

Z

73. 徐忠明：《中國傳統法律文化視野中的清官司法》，載《中山大學學報（社會科學版）》1998 年第 3 期。

74. 趙曉耕、趙啟飛：《中國傳統司法中的清官崇拜批判》，載《湖湘論壇》2009 年第 3 期。

75. 趙曉耕：《自首原則在宋代的適用——阿雲之獄》，載《中國審判》2007 年第 5 期。

76. 趙晶：《中國傳統司法文化定性的宋代維度——反思日本的〈名公書判清明集〉研究》，載《學術月刊》2018 年第 9 期。

77. 張世明：《「治史如斷獄」——歷史考據學與律學淵源的知識史考察》，載《光明日報》2015 年 3 月 25 日（理論週刊·史學）。

78. 閆曉君：《走近「陝派律學」》，載《法律科學》2005 年第 2 期。

79. 孫麗娟：《中國 1957 年法學思潮析論》，載《法學》1997 年第 4 期。

80. 賀衛方：《中國古代司法判決的風格與精神》，載《中國社會科學》1990 年第 6 期。

81. 張華夏：《主觀價值和客觀價值的概念及其在經濟學中的應用》，載《中國社會科學》2001 年第 6 期。

後　記

　　2018 年 9 月份，當時我剛剛博士入學，陳師景良先生找到我說，交給我一個任務：將他自 1989 年以來發表的學術論文進行整理和校對，編成文集。我對此非常榮幸，不僅是感謝老師的信任，更是由於得到了一個寶貴機會，得以「鴛鴦線跡仔細看，來學金針繡鴛鴦」。經過幾年時間，在師門同學的共同努力下，這項工作最終有了成果：其一是大陸法律出版社 2022 年 3 月出版的《跬步探微：中國法史考論》一書（緣起於 2018 年校慶），其二就是本書《學步古今：中國法律史略論稿》。在本書出版之際，陳師囑我作一後記，對相關事宜予以交待。此外，我也想藉此機會，講一講參與整理、校對工作的學習心得和體會。

　　首先要回顧的是文集編輯的過程。相關論文跨越三十餘年，散見於各種學術期刊、報紙、論文集，很多原先都缺乏電子文檔版本。在本次校對工作之前，喬惠全、王天一等學長為論文的電子文檔化付出了很多勞動。2021 年 3 月～2022 年 5 月，博士後童旭師兄、博士生王若堯師妹以及我，集中展開了對兩書所收論文的校對工作，包括添加注釋版本信息、統一文獻版本，及校改字詞和表述。

　　其次要說明《跬步探微：中國法史考論》一書（下簡稱《考論》）與本書《學步古今：中國法律史略論稿》的關係。兩書原是姊妹篇，其主題都是以中國法律史（特別是宋代法史）為中心，兼及中西法文化比較，而其立意則均是漫步於古今中西，探求歷史變與不變、文化同與異之間的微妙法理。書名同取一個「步」字，這既是說學術研究當如閒庭信步，更是寄寓一種高遠而幽微的學術志趣——陳師的書房名為「步薑齋」，而「薑齋」乃近世歷史哲

學大家、明末大儒王船山（夫之）的雅號；「步隨薑齋」，這乃是踵武前賢、會通古今的自我勉勵之意。

需要說明的是，《考論》一書所收的 17 篇論文，本書皆未收錄。為便利讀者查閱，謹列其篇目如下：

（1）《林園求學記——記我的導師、著名法學家張晉藩先生》，《南京大學法律評論》1995 年第 2 期。（2）《「文學法理，咸精其能」——試論兩宋士大夫的法律素養》，《南京大學法律評論》1996 年第 2 期、1997 年第 1 期。（3）《試論宋代士大夫的法律觀念》，《法學研究》1998 年第 4 期。（4）《訟學、訟師與士大夫——宋代司法傳統的轉型及其意義》，《河南省政法管理幹部學院學報》2002 年第 1 期。（5）《反思法律史研究中的「類型學」方法——中國法律史研究的另一種思路》，《法商研究》2004 年第 5 期。（6）《宋代「法官」、「司法」和「法理」考略——兼論宋代司法傳統及其歷史轉型》，《法商研究》2006 年第 1 期。（7）《宋代司法傳統的敘事及其意義——立足於南宋民事審判的考察》，《南京大學學報》2008 年第 4 期。（8）《用現實的眼光洞察法史，於法史研究中體悟現實》，《法學研究》2009 年第 2 期。（9）《傳統悠悠入夢來：中國法制史的價值、現代意義和研究方法——記我的導師張晉藩先生》，《江蘇警官學院學報》2010 年第 3 期。（10）《中國法學知識體系的建構必須重視從中華法制文明中尋求資源》，《法學研究》2011 年第 6 期。（11）《釋「干照」——從「唐宋變革」視野下的宋代田宅訴訟說起》，《河南財經政法大學學報》2012 年第 6 期。（12）《「盧紓」非「盧紆」說略——徐道隣〈中國法制史論集〉獻疑一則》，《法制與社會發展》2012 年第 5 期。（13）《汲取傳統中國的法治資源》，《人民日報》2014 年 11 月 24 日。（14）《尋求中國人「過日子」的邏輯》，《人民日報》2016 年 10 月 20 日。（15）《突出「民族性」是中國民法典編纂的當務之急》，《法商研究》2017 年第 1 期。（16）《淺談宋代司法傳統中的若干問題》，《師大法學》2017 年第 2 期。（17）《何種之私：宋代法律及司法對私有財產權的保護》，《華東政法大學學報》2017 年第 3 期。

復次，我想談一談整理、校對本書與《考論》一書的心得和體會。

其一，這兩本書中的論文有一個突出特色，就是強調論從史出，講求考證方法。這不光反映為論文中對正史、編年史、政書、類書、史料筆記、士大夫文集的大量運用，還體現在對具體史料的比勘、對歷史事實的考辨上。例如，當前法學界廣為流傳的「『訴訟』在中國古代法律中獨立成篇始於元代」

的觀點，便是出自本書所收《元代民事訴訟與民事法規論略》一文。這正是
對《元史》《大元通制》《經世大典》《元朝典故編年考》等史料進行比勘考校
的結果。類似的還有《考論》所收《「盧紓」非「盧紆」說略——徐道隣〈中
國法制史論集〉獻疑一則》一文。徐道隣先生《宋朝的刑書》一文所列「宋人
法律著述」中載有所謂「盧紆《刑法要錄》十卷」。本文通過比勘《宋史・藝
文志》與《唐會要》《新唐書・藝文志》、鄭樵《通志》等史料，發現《刑法要
錄》乃唐人盧紓作品，糾正了徐文之誤。

　　其二，兩書的核心內容均為關於「士大夫與宋代司法傳統」的系列論文，
這些文章開拓了宋代法史研究的路徑，強調從「人」——「主體」（subject）
——「社會中的行動者」角度來闡明宋代皇帝、士大夫、胥吏、訟師、雜人等
各階層人物的行為邏輯，及其對宋代司法傳統的型構作用，重點揭示了宋代
司法傳統中所蘊含的、以「知識理性」為突出表徵的近世化轉向。在相關論
述中，尤其值得關注的是對宋代士大夫法官裁判藝術、裁判方法的解讀，例
如，提到宋代士大夫具有獨特的「人格理想、公平意識、秩序期待」。在當代
法理學的觀照之下，這種詮釋所具有的「法理」內涵仍然值得進一步深挖。

　　其三，在系統閱讀陳師三十餘年所撰論文的過程中，我認為，《反思法律
史研究中的「類型學」方法——中國法律史研究的另一種思路》（2004）一文
具有獨特的意義。這篇文章不僅反映了其對於馬克斯・韋伯式「類型學」（文
化類型比較）方法之侷限性的批判和反思，而且標誌著其開始嘗試建立個人
的學思範式。具體來說，在這篇文章前後，以《訟學、訟師與士大夫——宋代
司法傳統的轉型及其意義》（2002）、《宋代「法官」、「司法」和「法理」考略
——兼論宋代司法傳統及其歷史轉型》（2006）、《宋代司法傳統的敘事及其意
義——立足於南宋民事審判的考察》（2008）等文章為核心，陳師努力突破將
中西古今進行二元對立的那種敘事，並開始嘗試從功能主義的角度，揭示宋
代法傳統中的現代性因素，謀求對傳統法治資源進行現代轉化。這種工作是
立足史料且又超越於考據的，是在現代理論方法之觀照下，進行命題建構、
概念提煉的成果。

　　理論的運用和建構能夠揭示歷史的價值和意義，充滿了魅力，但這種工
作又是非常不容易的。對其困難，陳師實有所自覺。他一方面重視法律文化
比較的視野，把握中西之別，但同時另一方面又強調，對於「法治」「權利」
「現代性」等具有規範性內涵的「歷史事實」之解讀、建構，不能停留於簡單

的人有我有、中西比附式的論調，而一定要獨出心裁，基於對古今中西知識傳統的全面把握，建立起合乎普遍原理、尊重本土實情，認同文化傳統、照應當代實踐的理論敘事。

然而，到底怎樣設定「法治」「權利」「現代性」等概念的標準，才能既合乎普遍原理、又尊重本土實情，跳出簡單的人有我有、中西比附式的論調呢？按我的理解，這裡面有兩個關鍵點：一是要像反思類型學方法一樣，對功能主義方法的效用及其侷限進行省察；二是跳出中西類型比較、共時性知識譜系的窠臼，建立普遍適用於中西歷史的，關於古與今、傳統與現代之關係的歷時性知識譜系，在肯定中國傳統法中現代性因素的同時，對其不足或缺陷作出必要的限定。從邏輯上講，前者的完成取決於後者的解決。

實際上，這項工作乃是一個大工程，涉及到「史料、理論與方法」關係的宏偉論題。後者恰恰是陳師近年來苦心孤詣、朝夕沉浸的致思方向。作為學生，我認同陳師的相關思考，努力踐行著其「立足史料，守正創新，建構命題，提煉法理」的理念，也期待老師「截斷眾流」、獨造新說，繼續推出完整而精到的理論範式。

2021 年夏天，《跬步探微：中國法史考論》一書終校稿交付法律出版社的時候，陳師曾在後記中賦詩一首，詩中頗見其平生經歷和志趣。為饗讀者，收錄於此。辭曰：「餘生中原，豫東鹿邑。束髮啟蒙，就學譚集。及至成年，科考廢棄。行伍嵩洛，從戎投筆。幸逢改革，七九及第。求學吉大，入法律系。朝夕講求，法條律義。非無所得，難尋根蒂。文史治道，吾性夙喜。於是轉向，專注法史。耕耘卅載，念茲在茲。豈窺堂奧，跬步探微。躬逢校慶，爰裒小集。濫竽充數，聊備一席。責編辛苦，諸生努力。值此付梓，權為後記。」

最後，向花木蘭文化事業有限公司、楊博士嘉樂先生及本書的責任編輯致敬，感謝他們為本書出版所做的諸多工作。

王小康

壬寅年芒種（2022 年 6 月 6 日）

謹記於江城曉南湖畔